子どもをじょうぶに育てる
〜歩育のすすめ〜

東京大学名誉教授
日本ウオーキング協会元会長
宮下 充正

歩育推進ネットワーク
いしかわ代表
谷内 迪子

金沢学院大学教授
平下 政美

株式会社 杏林書院

はじめに

　最近、"子どもを虐待し、死なせてしまった"、という報道が次から次へと報じられる。そして、その背景として、貧困とか、離婚、再婚といった親の境遇が指摘される。

　貧しいからといっても、子どもを虐待するわけではないだろう。離婚して子どもを引き取ったからといっても、子どもにつらく当たることもないだろう。また、再婚した相手の子どもを、血がつながっていないからといっても、いじめたりはしないだろう。反対に、裕福であっても、また、夫婦がそろっていても、子どもを虐待する場合も聞かれる。

　きわめて希に子育てをしない哺乳動物が報道されるが、ほとんどは生れた子どもが独りで生きていけるまで、当然のように育てる。子どもへ虐待を繰り返すような人は、親が子どもを育てるという動物として生まれつき備わっている子どもへの愛情を築き上げる歯車が、どこかで狂ってしまったとしかいいようがない。

　飼育されたトキが自然界へ放たれ産卵し、雄雌が交互に卵を温めているという状況が報道された。しかし、ツツドリ、カッコウ、ジュウイチ、ホトトギスのように、托卵という他の鳥の巣へ卵を生み、子育てを異なった鳥にゆだねるのもいる。進化の過程で、子育てをしない鳥へと進んでしまったのであろう。この場合は、遺伝的に代々継続されていく。他方、ときどき耳にする"捨て子"は、代々"捨て子"するといった家系は、聞いたことがないから、人にみられる一代限りの現象といえる。

　親になれば子どもを育てることは遺伝的に身についていることなのである。ところで、子育てといっても子どもの行動にはほとんど干渉しない放任から、子どものすべてにわたって手助けをする過保護まで、親の態度は実にさまざまである。

　放任主義の親であっても、祖父母、兄弟姉妹が同居していれば身近な人た

写真1　赤ちゃんのときから水中運動（アメリカ）

ちによって、子どもは社会生活の中で守るべきさまざまな規律を身につけることができる。しかし、現在のような核家族、一人っ子では、そのようなことは期待できないだろう。保育所や幼稚園などの集団生活の中で、身につけていくことになる。

　他方で、兄弟姉妹の数が少なければ少ないほど、親は子どもの成長に大いに関心を寄せ、世話をやいて子どもに過度な期待をするようになりやすい。そうなると、他人とのつき合いがうまくできない、社会性に乏しい子どもとなる可能性が高くなる。そして、あらゆることで親頼みになり、自立心の弱い子どもになってしまうだろう。

　以上説明してきたように、子どもは親からの遺伝の影響を受けるばかりではなく、親の態度など環境によって強く影響される。親の態度は、経済状態、共働きといった社会生活の変容によって影響を受けることは間違いない。その影響が端的にみられるのが、親と子とが接する時間が短くなること、そして、対話が少なくなることである。

　社会生活の変容は、個人の力ではどうにもならない。そして、子どもの育ち盛りは待ってくれない。だから、個人ができる範囲で、親は子どもと接する時間を増やし、対話を交わすように努力すべきなのである（**写真1**）。

　具体的にはどのような努力をすべきなのであろうか。20年近く前、学生

はじめに　*iii*

写真2　楽しい親子でウォーキング

写真3　自然の中を歩き何かを発見できる

たちと"里山あるき"に参加した親子の行動を観察したことがある。数時間にわたって親子で一緒に歩く間にどんな対話がなされたのか、そして、歩き終わってどんな思いが残ったのか、10組ほどの親子について記録した（**写真2**）。

　森、林、畑の中の道を歩きながら、草木や農作物、あるいは、昆虫などの名前や特徴を親が子どもに教えていた。いろいろなことを知っている親に、子どもは改めて感心していたし、反対に、子どもが長い距離を歩き通せたこ

とで、親は子どものねばり強さを見直していた。これらのことは、子どもの親への信頼を強化したことになるであろうし、親は子どものからだづくりが間違っていなかったことを確信できるだろう（**写真3**）。"里山あるき"は、上記のようにすばらしい試みである。しかし、参加するには、時間と経済的な余裕が必要となるし、近くで頻繁には行うことができない。だから、親が子どもと一緒に運動する機会が、1週間にあるいは1カ月間に最低1回は身近なところで準備されるべきではないだろうか。「親子で歩く」は、親が子どもと一緒になってからだを動かす機会が生まれる。

「親子で歩く」に参加することによって、親の運動不足が少なからず解消されるだろうし、子どもの歩く様子を見て、その成長ぶりを確認することが期待できる。さらに、これまで述べてきたように、子どもに接する時間が増え、共通する話題についての話がはずみ、子どもへの愛情が深まり子どもからの信頼が高まるだろう。

本書では、子どもがウォーキングの実践を通して、じょうぶに育つようにという"歩育"についてまとめた。子育てにかかわる親、教師などの参考になれば幸甚である。

　　　2016年5月

著者を代表して　宮下充正

目　次

はじめに ………………………………………………………………… i

1　乳児のウォーキング …………………………………………… 1

1. 胎児期の健康………………………………………………………… 1
2. 生後1年間のからだの変化 ………………………………………… 3
3. ウォーキングの習熟過程…………………………………………… 7
   1）自動的に歩けるようになる …………………………………… 7
   2）いろいろなスピードで歩けるようになる …………………… 9

2　石川県における「歩育」の展開 ……………………………11

1. 「歩育」の取り組み …………………………………………………11
2. 調査研究事業と「歩育楽校」の展開 ……………………………13
   1）調査研究事業の展開 ……………………………………………13
   2）「歩育楽校」の開設………………………………………………17
   3）指導者の育成 ……………………………………………………22

3 調査研究事業からみる「歩育」の可能性……………………………29

1. 歩いて肥満を解消する…………………………………………………29
2. 外歩きで自律神経機能を鍛える………………………………………31
3. 空間認知能力を育成する………………………………………………35
4. 幼児期の運動に対する調査結果………………………………………35
   1) 幼児の歩数の地域差 …………………………………………………36
   2) 幼児の1日歩数は登園時50%、帰宅時50% ………………………38
   3) 幼児期の歩数と運動能力テストと相関 ……………………………39
   4) 運動能力の過去との比較 ……………………………………………42
      (1) 走能力 ……………………………………………………………42
      (2) 立ち幅跳び ………………………………………………………43
      (3) ボール投げ ………………………………………………………44
      (4) まとめ ……………………………………………………………46
   5) 歩数・運動能力テストと社会性、性格・意欲、ストレスとの関係 ……47
   6) 幼児の生活習慣の形成 ………………………………………………49
   7) 幼児がよく運動する要因 ……………………………………………50
   8) 幼児のリズムダンスの指導例 ………………………………………51
      (1) 「てくてくワンダフォー」………………………………………51
      (2) リズムダンスの構成 ……………………………………………52
      (3) リズムダンス介入の効果 ………………………………………53
5. 「歩育」に対する保護者の理解の変化 …………………………………55

4 幼児から成人へ……………………………………………………59

1. 未就学児の運動実践と成長……………………………………………59
2. 小学校入学後のウォーキング…………………………………………60
   1) 子どもをじょうぶに育てる環境づくり ……………………………60
   2) 歩数の国際比較 ……………………………………………………62
   3) どんな時間帯に、子どもは歩くのか ……………………………64
   4) 中国西安市の子どもの運動実践調査 ……………………………65
   5) 10歳児の運動能力と6～7年後の体力 …………………………66
   6) 生態学的な分析の必要性 …………………………………………68
3. 成人してからのウォーキング…………………………………………70
   1) 人工知能（AI）時代に生きる、今の子ども達 …………………70
   2) 運動不足病の予防と医療費の負担とウォーキング ……………71

附 他に見られた"歩育"の試み ……………………………………75

1. 山形県遊佐町：小学6年間「鳥海ツーデーマーチ」へ参加した児童の表彰……75
2. 鹿児島県指宿市："歩く"をすすめる校旗の授与 …………………76
3. 鳥取県倉吉市：子どもノルディック・ウォーク……………………78

参考図書・引用文献 …………………………………………………………80
あとがき ………………………………………………………………………82

1 乳児のウォーキング

1．胎児期の健康

　2016年リオデジャネイロ・オリンピック開催が真近になって、ジカウイルスに感染した妊婦から小頭症の子どもが誕生する可能性が疑われるという報道が、世界中に広まった。女性の子宮内では、1個の細胞がほぼ10カ月かけて分裂を重ねて、約60兆個の細胞からなる1個の人間となり、誕生してくる。

　この胎児の発生過程での遺伝子の発現は、両親から受け継いだ遺伝子の影響を受ける。加えて、子宮内の環境からも相当の影響を受ける。言い換えれば、母親の健康状態が子どものからだの生育に、無視できないほどの影響を与えることは容易に想像されるだろう。だから、ジカウイルスが流行っているブラジルへの旅行は、控えるべきだと注意が促されているのである。

　胎児の細胞を採取し、異常のあるなしを判別する技術はすでに確立されている。異常がみつかれば、誕生前に処理してしまうのである。そのような手段を用いて、胎児の状態を判定・処置を施すのが良いか悪いかの判断するのは難しい。ここでの主題ではないので論ずることはしない。しかし、妊婦の健康状態が良好であることが、なによりも望まれる。

　妊婦が健康を維持するのは、通常の人々が健康保持に注意をむけるのと基本的には同じである。偏りのない食事を定期的に摂る、体内の血液循環が"ほどよい"程度に活性化するような運動を実践する、そして、十分な睡眠をと

る、という栄養・運動・休養という3原則を守ればよい。加えて、さまざまなウイルスなど病原菌からの感染を防がなければならない。

　ところで、体内の血液循環が"ほどよい"程度の運動とは、どのようなものであろうか。血液が循環する量は、心拍数から推定することができる。座位では70～80拍／分である。家の中で立って、食事の用意をする、片付けをする、などでは90～100拍／分である。これでは、不十分であって外へ出てウォーキングをすることを勧めたい。それも、やや速く歩く方がよい。息がはずむちょっと手前のスピードがよい。そうすれば、心拍数は120拍／分前後まで上がる。その状態で、20分間を目安に歩き続ければよい。1日に、2回行えば十分である。

　このように、健康に留意した母親から誕生した子どもは、どう成長するのであろうか。卑近な例として、競走馬と比べてみよう。5月の日本ダービーは、競走馬が4歳になる年に、一生に1度だけ出場できる大レースである。北海道や東北地方の牧場で、優秀な成績を残した、言い換えれば、優れた遺伝子を有する雄雌の馬をかけ合わせて誕生させ、大切に飼育し3年が経過し優秀であると判定されれば、晴れの舞台が待っているのである。

　成長が早いだけに、人間に比べると馬を育てる期間は、はるかに短い。しかし、優秀な血統を受け継いだ子馬は、それだけに買い値が高く将来元金を取り戻すために、念入りな飼育・調教が行われる。

　このように、育てる期間が短いということは、育て方の善し悪しの判定もただちに下せることになり、調教師の腕前は毎年毎年試されているといっても過言ではない。裏を返せば、それだけ調教師は全力をあげて、それぞれの馬に対する調教に励み、好成績をあげなければ職を失いかねないのである。

　人間の場合はどうだろうか。同じ哺乳類を育てあげるという意味では、馬を育てるのと人間を育てるのとの間には、基本的な差異があるとはいえないかもしれない。しかし、育てる期間は比べものにならないくらい、人間の方が長い。

　このように育てる期間が長いということは、育てる側の責任があいまいになりがちである。保育所や幼稚園の先生は、親のしつけが悪いといったり、

小学校の先生は、幼稚園でなにを教育したのかと非難したりする。

　ところで、人間の子どもは、他の哺乳類と比べて大変未熟な状態で生まれてくる。そのため親の手厚い保護なしでは生存できない。だから、ほんのわずかな例外を除けば、生まれた子どもを大切に育てようとする。

　そして、"這えば立て、立てば歩めの親心"といわれてきたように、歩くまでは親は注意深く子どもを見守っていくのである。ところが、立って独り歩きができるようになると、親は手が放せたとばかりに、子どもに対する注意をしだいに怠るようになったり、対照的に早期教育が重要だと塾など学校以外のところへ行かせ、特殊な技能や能力の習得を強く促したりするようになる。

　次に、誕生後の子ども生育過程を見直してみたい。

2．生後 1 年間のからだの変化

　聞きなれないコホート（cohort）という言葉は、統計上同一の性質をもつ集団のことである。同じ地域で同じ年に出生した集団について、体格や運動能力などを乳幼児から成長にともなって、どのように変化していくのか追跡調査する試みがなされてきた。その中で、誕生してからの 1 年間のからだの状態と、成人した 30 歳のときに保持している体力とを比較検討した興味深い研究が報告された（**写真 1-1**）。

　Ridgway ら（2009）は、次のように述べている。「"力強さ"、"ねばり強さ"のような身体活動能力は、遺伝と日常的な運動実践や 1 日中の身体活動量といった環境との 2 つの要因によって影響を受けるが、人生の初期に見られる身体的特徴が、成人してからの身体活動能力を左右することは否定できない。」そして、それまでの研究成果を調べて、次のような因果関係をまとめている。

・出生時体重が少ない人は、成人してからの"ねばり強さ"が低く、安静時心拍数が高い傾向にある。
・成長期の子ども、若い成人女性、高齢者について観察したところ、出生

写真1-1　誕生からの1年間の成長は、一生のからだづくりに重要

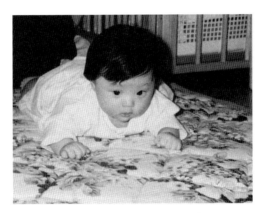

写真1-2　這えば立て、立てば歩め

時体重が多い人は高い"力強さ"を保持している傾向にある。
・独り歩きができるようになった年齢が早い人は、53歳になったときの椅子からの立ち上がり能力や立位でのバランス保持能力が高い傾向にある。
・独り歩きができるようになった年齢が遅い人は、53歳のときの"力強さ"が男女とも低い傾向にある（**写真1-2**）。

そこで、1966年の1年間にフィンランド北部地域で生まれたすべての赤

写真 1-3　独り立ちができるようになる

ちゃん 12,058 名を対象として、出生時の体重を測定し、1 年後に 10,322 名の赤ちゃんの体重、そして、独り立ちした月齢、支えられて歩き始めた月齢が調べられた。

　その赤ちゃんたちの中から 30 年後（2007 年）に連絡が取れ、承諾が得られた人たち 4,304 名を対象として、次の 3 つの体力が測定された。

　① "力強さ" として利き手の握力、②筋持久力として、腰を支点にして上体をそらしていられる時間、③全身の "ねばり強さ" として、ステップ台（高さ：男子 40 cm、女子 33 cm）を 4 分間テンポ 23 歩／分で昇降した直後の心拍数が、それぞれ測定された。

　その他、赤ちゃんについては親の職業、31 歳の成人については学歴など社会経済的背景についても調査している（**写真 1-3**）。

　出生時体重の平均は、男子 3,601 g、女子 3,473 g、生後 1 年間の体重増加の平均は、男子 10.6 kg、女子 10.0 kg であった。また、支えてもらって歩き始めた月齢の平均は、男子 9.1 月、女子 9.1 月、また、独り立ちができるようになった平均月齢は、男子 10.3 月、女子 10.2 月と性差はほとんどみられなかった（**写真 1-4、5**）。

写真1-4 真っ直ぐ歩けるようになるのは3歳ぐらいから

写真1-5 5～6歳ぐらいで成人の同じような歩き方ができるようになる

写真1-6 いろいろな運動に挑戦させる

　31歳のときに測定された握力の平均は、男子 49.7 kg、女子 28.2 kg、上体保持時間の平均は、男子 162.4 秒、女子が 180.1 秒、ステップ台昇降直後の心拍数の平均は、男子 146.5 拍/分、女子 149.8 拍/分であった。
　これらの縦断的な測定値について、さまざまな統計処理をした上で、次のような結論を報告している。

・出生時体重が大きいほど、
・1年間に増加した体重が少ないほど、
・立位姿勢が取れるようになった月齢が早いほど、

成人してからの総合体力が明らかに高い傾向にある、という結果であった。

報告したRidgwayらは、この研究結果からだけでは断定できないが、「独り立ちや歩けるようになることが早くできるようにと、からだを積極的に動かしてあげることと体重の増加を抑えることは、成人してからの体力に対してプラスにはたらき、逆に最初の1年間の体重の余分な増加は、脂肪細胞の増加が予想されるのでマイナスの影響を残すのでは」と述べている。このように、"保育園入園前のときの運動が一生の身体をつくる"という事実が、大規模な縦断的な追跡で明らかにされたのである。その後の、保育園時代の運動実践の重要性は言うまでもないだろう（写真1-6）。

3．ウォーキングの習熟過程

1）自動的に歩けるようになる

子どもは、歩くようにと特に教えられなくとも、1歳近くなると歩けるようになる。しかし、その歩き方は、"よちよち歩き"といわれるように、ぎこちない。これは、歩くためにいろいろな筋肉を意識的に動かそうとしているからである。しかし、歳を重ねていくうちに、自動的といわれる成人に近い歩き方を身つけていく。では、自動的とは、どういうことであろうか。「自動運動は、反射よりは複雑であるが反復性があり、一度発現するとその制御は無意識的に行われる。自動運動の代表的なものとして、歩行や走行などがあげられる」と説明されている。

歩くという動作の中で、自動的に腕や脚が動くためには、"このように歩きなさい"という「フィードフォワード制御」が、いろいろな筋肉に対して順序よくなされなければならない（図1-1）。言い換えれば、"このように歩きなさい"という指令が組み込まれた"中枢パターン生成器（Central Pattern Generator：CPG）"が形成されていて、その指令を自動的に繰り返

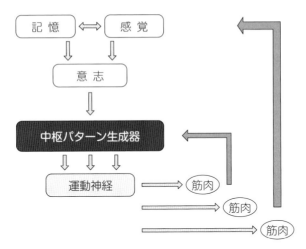

図1-1　移動動作の自動化と中枢パターン生成器（CPG）

し発するわけである。

　乳児は1歳ころになると立ち上がり、ほとんど自然といってよいほど歩き始める。このことから、歩く動作の"CPG"は、生まれつき備わっていると仮定されている。そして、身長が伸びる、筋肉が強くなるなど成長に応じて、歩く動作の"CPG"は、より完成された成人の歩き方へと修正されていく。

　ところで、歩き始めようと足を一歩前へ出すとき、左足から出すか右足から出すかは、意識しなければ、その人特有の順番があるだろう。

　成人では反復移動動作であるから自動的に歩けるが、視覚を閉ざされると左右どちらかへ曲がってしまう。たとえば、道の端を歩いているときは真っ直ぐ歩ける。ところが、広いグラウンドで目をつぶって歩いてもらうと、左右どちらかの方向へ曲がって歩いて行ってしまうのである。

　ではなぜ、目印があると、それほど意識しなくても、真っ直ぐ歩くことができるのであろうか。左右へ曲がってしまうのは、"利き手"、"利き足"といわれるように、先天的要因が作用しているものと推定される。ところがなにかしらの目印があれば、真っ直ぐ歩くようにフィードバック機構がはたらき、あまり意識しないでも修正して歩けるようになる。

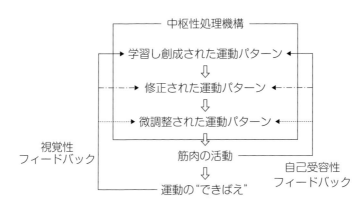

図1-2　自動動作を修正するフィードバック機構

　しかし、先天的に左右差があるため、フィードバックの目安となる視覚が閉ざされてしまうと、曲がってしまうのである。だから、目印があると、フィードバック機構がほとんど無意識のうちにはたらき微調整して、真っ直ぐ歩けると思われる（図1-2）。

2）いろいろなスピードで歩けるようになる

　完成された"CPG"は、それぞれの筋肉に活動するようにという指令を、時間を置いて次々と発信する。やっと歩けるようになった幼児の歩き方をみると、腕や足を力いっぱい動かしている。というのは、練習を始めたばかりでは、"CPG"からただ1つの信号しか発信できないので同じようにしか歩けない。それが練習を重ねていくと"CPG"から違った信号を発することが身につき、歩き方を変えて歩けるようになる。

　たとえば、"やや速く歩く"、とか"かなり速く歩く"のは、"CPG"の信号を変えることによってもたらされるとみるのがよいと思われる。そうして、"CPG"のいくつかの違った発信、たとえば"ゆっくり歩く"か"速く歩く"かは、脳からの指令によって選択されるのである。

2 石川県における「歩育」の展開

1.「歩育」の取り組み

　石川県における歩育の取り組みは、2008年8月に能登半島の先端、日本の原風景が残る珠洲市で首都圏と石川県の親子が参加した「珠洲親子キャンプ」からスタートした。キャンプ場で宿泊し、多様な体験学習と「美しい日本の歩きたくなるみち500選」のコースを親子で歩く2日間のプログラムで、その後の歩育活動の原点ともいえる経験であった（写真2-1）。

　次のステップは、2010年8月のフォーラムにおいて、日本ウオーキング

写真2-1 「あったか半島のと祭：珠洲親子キャンプ」で歩行プログラムを実施（2008年8月2・3日）。岬歩道から雄大な日本海を望む。

写真2-2 設立総会（2012年3月11日）。自治体、ウオーキング団体、子育て関係団体などが集い県民運動としてスタート。

　協会元会長村山友宏による 2000 年の YUZA 宣言としてまとめられた「歩育」の理念にもとづく提言を受け、2012 年 3 月、石川県ウオーキング協会が事務局となって、石川県、県内 19 市町、教育委員会、大学、保育園、幼稚園、その他の子育て関係団体など、50 を超える団体をまとめた「歩育推進ネットワークいしかわ実行委員会」の発足であった（写真 2-2）。

　発足当初は、参画した自治体、団体ともに、車社会の進展にともなう子ども達の歩行不足の現状や、すぐにしゃがむ、顔から転ぶなどの子ども達の身体の異変には漠然とした認識を示していたが、「"歩育"ってなに？」という理解不足が実情であった。そこで、「歩育とは日常の習慣的な歩行、非日常の行事などにおける歩行という体験を持たせることによって、子ども達の "生きていく力" を育む活動」と定義して、わかりやすく「子ども達の外歩き・外遊びの重要性」の啓発を深めることを目標とした。

　特に保育園関係者からは、
　　「根気がない」
　　「疲れたと、すぐしゃがむ」
　　「集中力に欠ける」
　　「転んでも手をつかず、顔や頭部にケガをする」
　　「身体が固い」

「外へ出ることを嫌がる」
「洋服が汚れることを嫌がる」
など、近年の園児の好ましくない特徴を指摘する意見が多く寄せられ、歩育への取り組みに期待する声が高まった。

またアドバイザーとして参画した平下政美教授（金沢学院大学）からは、子ども達の運動力の低下という現状を踏まえれば、幼児期の歩行、身体活動のあり方が大切との提言があり、3歳から7歳までに大きく成長する自立神経機能や空間認知能力の発達に着目した事業の推進をめざすこととなった。

2．調査研究事業と「歩育楽校」の展開

前節の段階を踏んで、石川県における「歩育」推進事業の対象を、県内の園児と保護者と規定し事業の展開がはじまった。事業計画の柱は2つとし、1つは「調査研究事業」、もう1つは歩育の実践事業「歩育楽校」の展開とした。
「子ども達の歩行不足はどの程度なのか？」
「歩行と運動能力との関係は？」
「歩育ってどのように実施するの？」
などの疑問に答えることが、歩育への理解を深める最善の手段と考えたからである。

1）調査研究事業の展開

「調査研究事業」は、石川県内6大学のスポーツ健康学、体育学の教員に、チームを組んでもらい調査の設計、実施、分析を依頼した。チーム構成員は、金沢学院大学・平下政美教授、金沢星稜大学・大森重宜教授、金城大学短期大学部・能雄司教授、石川県立大学・宮口和義教授、金沢大学・村山孝之准教授、金沢医科大学・津田龍佑講師の6名であった。

まず、2012年に県内18の保育所、幼稚園の協力を得て、園児1,042名を対象に1日の歩数や体力・運動能力の実態調査を実施した。調査項目は文部科学省の調査要項に準じた下記の項目であった（**写真2-3～5**）。

写真2-3　体力・運動能力調査：体支持持続時間

写真2-4　体力・運動能力調査：立ち幅跳び

①平日5日間の1日の平均歩数
②25m走、20m走、立ち幅跳び、ボール投げ、捕球、連続両足飛び越し、体支持持続時間の7種目の運動能力
③保育士を対象として、11項目にわたる園内における生活の聞き取り調査
④保護者を対象として、29項目にわたる家庭における生活の聞き取り調査

写真2−5　体力・運動能力調査：20ｍ・25ｍ走

表2−1　石川県における歩行調査結果：平日５日間の歩数計調査による１日の年齢別、地域別歩数

		順位	能登	順位	金沢	順位	加賀	平　均		
4歳	男子	1	6,436	3	3,996	2	5,260	5,346	4,917	5,851
	女子	1	5,728	3	3,483	2	4,912	4,692		
5歳	男子	1	7,713	3	5,673	2	7,152	6,841	5,964	
	女子	1	6,626	3	4,013	2	6,059	5,445		
6歳	男子	2	8,767	1	9,040	3	6,715	8,416	7,188	
	女子	3	5,395	2	5,914	1	6,078	5,742		

本調査によって、石川県の園児の平日の歩数の実態が明らかとなった（表2−1）。そして、石川県内の園児の１日の平均歩数約6,000歩という結果は、文部科学省の全国調査の結果である約12,000歩や東京都中野区の9,700歩と比較しても大幅に少なく、歩行不足として衝撃的に受け止められた（表2−1）。

6,000歩の内訳は園内で3,000歩、自宅で3,000歩となり、また4歳児、5歳児ともに都市部に当たる金沢地区の園児の歩行不足が際立って少ない結果となった。

詳細な分析結果は次章で紹介するが、運動能力との関連では、

「多く歩く子ほど、走るのが速い」

表2-2　石川県における歩育楽校開催実績

回	年度	月日(曜日)	開催市町	事業名称	親子人数
1	24年度	6月30日(土)	金沢市	角間里山歩育楽校「親子里山さんぽ」	60名
2		9月2日(日)	内灘町	内灘ビーチ「渚の歩育楽校」	110名
3		9月9日(日)	津幡町	県森林公園「森の歩育楽校」	140名
4		10月6・7日(土・日)	珠洲市	珠洲市「里山里海ツーデー歩育楽校」	230名
5		10月13日(土)	小松市	ぐるぐるウオーク「ゆめたまご広場の歩育楽校」	100名
6		10月21日(日)	中能登町	中能登町「古墳公園とりやの歩育楽校」	250名
7		11月4日(日)	金沢市	角間里山「四季の森歩育楽校」	60名
8	25年度	8月11日(日)	白山市	白山手取川「ジオパークの歩育楽校」	150名
9		9月8日(日)	かほく市	かほく市「海浜公園の歩育楽校」	110名
10		9月23日(祝)	野々市市	野々市市郊外「田園風景の歩育楽校」	210名
11		10月6日(日)	珠洲市	親子の集い「パノラマ海岸・歩育楽校」	110名
12		10月13日(日)	輪島市	「あいの風が育むわじまっ子の歩育楽校」	180名
13		10月20日(日)	志賀町	いこいの村能登半島「遊び広場の歩育楽校」	220名
14		11月3日(祝)	金沢市	角間里山「四季の森歩育楽校」	60名
15		11月23日(祝)	加賀市	「中央公園を巡る」歩育楽校	400名
16	26年度	5月11日(日)	能登町	猿鬼歩こう走ろう健康大会・歩育楽校	80名
17		9月28日(日)	珠洲市	親子の集い「パノラマ海岸・歩育楽校」	90名
18		10月19日(日)	七尾市	希望の丘公園の歩育楽校	150名
19		10月26日(日)	能美市	能美古墳群「古代ロマンを巡る歩育楽校」	250名
20		11月2日(日)	金沢市	角間里山「四季の森歩育楽校」	60名
21	27年度	10月31日(土)	宝達志水町	志雄運動公園周辺を巡る「歩育楽校」	80名
22		11月1日(日)	金沢市	角間里山「四季の森歩育楽校」	80名
				延べ参加者・総数	3,180名

　「多く歩く子ほど、運動能力が高い」
などの結果が得られ、また"活発な外遊び"の調査結果から
　「歩行数の多い子どもほど、友達が多い」
などの傾向が見られ、幼児期の歩行と運動能力の発達や性格形成との関連性が見られる結果となった。また歩行と直接関連が薄いと思われるが、ボール投げや捕球など、身体を使い反応する運動能力の低下が浮き彫りとなった。

2)「歩育楽校」の開設

　もう1つの柱として推進した、歩育の実践事業は「歩育楽校」の開設であった。2008年の珠洲市での事業の経験から"歩き、学び、遊ぶ"をコンセプトとした「歩育楽校」とネーミングした屋外歩行イベントの創設である。特に対象とする園児にかかわる保育士および自治体への啓発をすすめるため、自治体との共催を前提とし、保育所、幼稚園を通じて参加を募る取り組みとした。

　こうして2012年から2015年にかけて推進した「歩育楽校」は県内19市町のうち16市町において22回の共催事業として開催し、延べ約3,180名の親子が参加した（表2-2）。

　「歩育楽校」のプログラムは、自治体との共催を前提に、保護者同伴の参加とし、歩行コースはおおむね3kmとした。また、歩行コースの途中では、親子が遊具などで遊ぶ休憩時間を設けた。このことにより、歩くだけでなく親子がふれあい、地域を超えた参加者同士の交流を育むことをめざした。以上のような配慮によって、親子で歩く楽しさを体験することを基本とした（写真2-6～16）。

写真2-6　内灘ビーチ「渚の歩育楽校」（2012年9月2日）：団体歩行で参加者の安全をはかる。

写真2-7 内灘ビーチ「渚の歩育楽校」：海水浴で賑わった海岸を親子で歩きながらの清掃体験。

写真2-8 津幡町・県森林公園「森の歩育楽校」（2012年9月9日）：自然インストラクターとチームで自然観察しながら歩く。

　歩行コースは、各自治体が誇る自然環境や歴史文化にふれられるように設定し、ふるさとを歩いて知る機会とした。中には"自然インストラクター"による解説を聞く、海岸を歩き親子で清掃する、田園を歩き新米でおにぎりを作る、などの体験プログラムの他に、"ふるさとクイズに答えながら歩く"といった学びのプログラムを加える工夫をした。

写真2-9　津幡町・県森林公園「森の歩育楽校」：歩行コースの途中で記念植樹を実施。

写真2-10　白山手取川「ジオパークの歩育楽校」（2013年8月11日）：手取川の支流・直海谷川沿いの遊歩道を歩く。

　また別に、石川県が主催する"高齢者の健康と生きがいづくり"を目的としたスポーツと文化の交流大会「ゆーりんピック」の開催に合わせて、金沢城公園で実施されるオープンイベント「三世代の集い・手つなぎウオーク」へ、2011年から5年間連続で子ども達を参加させた（写真2-17、18）。
　また、2014年からは石川県ウオーキング協会の最大事業である「加賀百万

写真2-11 白山手取川「ジオパークの歩育楽校」：ゴールの千丈温泉で岩魚の手づかみ体験。岩魚の塩焼きを味わった。

写真2-12 野々市市郊外「田園風景の歩育楽校」（2013年9月23日）：金沢市に隣接し都市化が進む野々市市の親子が郊外の田園を歩いた。

石ツーデーウオーク」に「歩育コース」を創設し、親子で歩く機会を提供した（**写真2-19～21**）。これら2つの大会開催において、金沢市内の大学から多くの学生がサポート・ボランティアとして参加し、子ども達と一緒に歩くプログラムも定着してきた。

こうした「歩育楽校」の開催を通じて、参加者の保護者からは、

写真2-13 野々市市郊外「田園風景の歩育楽校」:歩行コースの途中でお米の話を聞く。

写真2-14 野々市市郊外「田園風景の歩育楽校」:ゴールでは新米のおにぎりづくりと昼食を楽む。

「久しぶりに外を歩いて楽しかった」
「子ども達と久しぶりに沢山話せた」
「子どもがとても元気で楽しそうだった」
などの声が寄せられ、また各地の「歩育楽校」へ毎回参加する親子が増えるなど、「歩育」への理解の拡がりを感じることができた。

写真2-15　能美古墳群「古代ロマンを巡る歩育楽校」(2014年10月26日)：日本海側有数の古墳集積地のひとつ和田山古墳群の遊歩道を歩く。

写真2-16　能美古墳群「古代ロマンを巡る歩育楽校」：古墳めぐりのゴールでニュースポーツ遊具での遊びタイム。

3) 指導者の育成

「調査研究事業」と「歩育楽校」の2本の柱に加え、園児の歩数を増やす目的のため、保育士セミナーを金沢、能登、加賀の3カ所で開催し、実態調査における園児の歩行不足、歩行と運動能力および性格形成の分析結果などを講習し、「歩育」への理解促進をはかった（写真2-22）。

写真2-17　三世代の集い・手つなぎウオーク：金沢城公園を会場に5年連続で開催。

写真2-18　三世代の集い・手つなぎウオーク：ゴールでは学生ボランティアがきぐるみで参加者を出迎え。

　「調査研究事業」においては実態調査の結果を受け、2年目となる2013年から引き続き園児の歩行・身体運動の活性化をはかるため、6名の調査メンバーに加え、金沢学院大学でダンスやエクササイズを専門とする高木香代子特任講師によって、リズムダンス「てくてくワンダフォー」が創作された（写真2-23）。

　リズムダンスを活用した継続調査は、4園124名を対象として実施した。

写真2-19 石川県内最大規模の「加賀百万石ツーデーウオーク」の歩育コース：スタート前に檀上でエールを送る子どもたち。

写真2-20 石川県内最大規模の「加賀百万石ツーデーウオーク」の歩育コース：学生ボランティアが運営全般にサポートしている。

調査項目は、1日の歩数、20m・25m走、ボール投げ、捕球、立ち幅跳び、両足連続跳び越し、体支持持続時間であった。その結果、毎日リズム運動を実施した3園のうち2園の園児の歩数は、県平均を大幅に上回るとともに、運動能力の多くの種目で県平均を上回る結果となった。毎日リズムダンスを踊ることで身体を動かすことに馴染み、活発に身体を動かす生活につながる

写真2-21 石川県内最大規模の「加賀百万石ツーデーウオーク」の歩育コース：学生ボランティアが運営全般にサポートしている。

写真2-22 歩育実践フォーラム（2012年9月16日）
石川県における歩育事業のスタートにあたり、日本ウオーキング協会会長の宮下充正・東京大学名誉教授をはじめ各地の歩育推進団体が集い意見交換。多くの保育士が聴講した。金沢市をはじめ能登、加賀の3カ所で開催し啓発をすすめた。

ことが推測される結果となった。

　2014年12月には、園における運動ツールとして活用をはかるため、リズムダンス「てくてくワンダフォー」のDVDを県内すべての園へ配布した。また、2015年には園へ配布したリズムダンスの活用をはかるため金沢、能登、

写真2-23　「てくてくワンダフォー」DVDの表紙
園における歩行と身体運動の活性化をはかる石川県オリジナルのリズムダンス「てくてくワンダフォー」を創作。DVDとして石川県内すべての保育所、幼稚園へ配布した。

写真2-24　石川県における園児の歩行と発育の実態調査における分析結果を保育士対象にセミナーを開催：金沢、能登、加賀の3地区で啓発をはかった。

写真2-25 石川県内すべての園へ配布した石川オリジナルのリズムダンス「てくてくワンダフォー」を正しく踊り、園の活用をはかるため保育士を対象に講習会を開催：リズムダンスの創作者である高木香代子・金沢学院大学特任講師が指導した。

加賀の3地区で保育士対象に歩育セミナーとリズムダンス講習会を実施し、園におけるリズムダンスの実践をはかるとともに、幼児期に必要な歩行、身体活動のあり方を啓発した（**写真2-24、25**）。

3 調査研究事業からみる「歩育」の可能性

1．歩いて肥満を解消する

　肥満は世界中において着実に増加している。2013年国際共同研究で判明した結果では、実に世界人口の3人に1人が肥満ということだった。しかも肥満の増加は大人だけではなく子どもでも見られるようになり、先進国においては子どもの肥満が指摘されるようになった。

　幼児期は、細胞が増えやすい時期であり、過剰にエネルギーを摂取すると脂肪細胞数が増える。これは特に増殖型肥満といわれ、成人の場合の過剰エネルギー摂取によって誘発される肥大型肥満と区別されている。この時期の増殖型肥満は、成人になって肥大型肥満と合わさったときに見られる混合型肥満（脂肪細胞の数にそのサイズが大きくなった状態）へつながると考えられている。

　幼児期における肥満を放置すると、糖尿病、高血圧症、脂質異常症への罹患を早めるだけでない。成人になってからこれらの病態改善を困難にし、加えて体重過多による長年の膝への慢性的な負担によりロコモティブシンドロームを誘発し、歩行障害の発症を早め、介護にいたる年齢さえも早める。

　これは特に骨粗しょう症を有する女性には深刻な問題となる。肥満の種類如何にかかわらず、肥満は食事などから摂取するエネルギー量と運動や生活活動時の身体活動量によって消費するエネルギー量の出納バランスによって決まる。

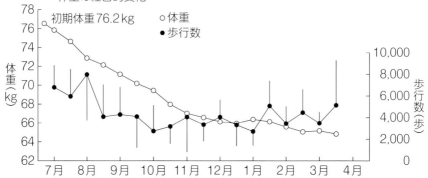

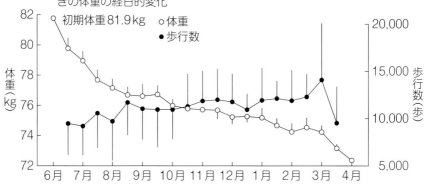

図3-1　2名の成人に8カ月間食事制限と歩行数増加させた場合の体重減少変化
（平下、2012）

　2名の成人について摂取エネルギーを制限し、摂取エネルギーを減らした場合と歩行量を増やすことによって消費エネルギーを増加させた場合、体重の減りぐあいと歩行数について調査した（図3-1）。この図は、体重と歩行数について、15日間ごとの平均値を8カ月間の連続記録として示したものである。

　歩行量を増やさないで食事量を減らして、摂取エネルギーを制限した男性被験者（図3-1A、Aさん）では、直線的に体重は減少し、4カ月間で10 kg

の減量を達成した。一方、1日1万歩の歩行運動のみで体重を低下させようとした被験者（図3-1B、Bさん）では、運動を始めてから初期の1カ月間は急激な体重減少を示したが、その後の体重は次第に減少しなくなった。そうなってから1日に15,000歩に歩行数を増加させると再び体重は減少し始めた。結局Bさんは9.6 kgの体重を減らすのに8カ月以上要した。このように体重を減らすには食事を減らすエネルギー制限の方が、運動のみで体重を減少させるより早いことがわかる。

しかし、食事制限のみで体重を減らすと骨や筋肉の働きが悪くなるだけでなく、骨はもろくなり、筋肉は細くなる。筋肉（骨格筋）は、日常動作からウォーキングなどのスポーツ動作までの、すべての身体活動の動力源（モーター）として働いている。骨格筋は筋線維内における糖や脂質を分解してエネルギーを得る仕組み、つまり代謝機能を有するだけでなく、体温を維持するための熱産生源としても重要な役割を果たしている。

つまり、Aさんは一見減量には成功したかにみえるが、筋肉は細くなり、熱産生が減少し、基礎体温も低下したことだろう。肥満や糖尿病などの発症しやすい体質が温存され、根本的解決にはならないであろう。

2．外歩きで自律神経機能を鍛える

身体をじっとさせていても、体温を保つ、呼吸をする、心臓を動かす、脳を働かせる、あるいは最小限の緊張状態など生命維持するために必要な最小エネルギー代謝を基礎代謝という。つまり、朝、目が覚めて仰向けに寝ている状態で行われる物質代謝のことである。人間が生きていくうえで最小限必要なエネルギー量と表現してもよいであろう。このときのエネルギーのほとんどは、熱に変換され、運動していなくても体温はおおよそ37℃付近に維持されている。

朝、目覚めてじっとしているときの体温を特に基礎体温という。最近の子どもは、この基礎体温が低いという研究報告が多くある。筋肉が発達している成人であれば、骨格筋における代謝が増え基礎体温を高く維持することが

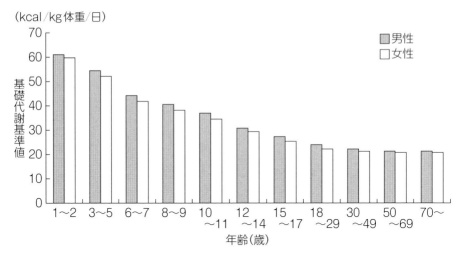

図3-2　基礎代謝量の年齢変化（厚生労働省「日本人の食事摂取基準2010年版より著者作図）

できる。しかし、幼児期には筋肉量が少ないため、基礎体温が低いと思われがちだか、むしろ成長のために多くのエネルギーを要する分、代謝が高くなり結果的に体温が高く維持されている（図3-2）。

　そもそも体温は体熱産生とのバランスによって一定に保たれるが、体重当たりの体表面積が大きい幼児では、体表面から失われる熱放散量も大人に比べて大きくなる。健康であればそれ以上に成長による熱が産生されるため体温は高く維持されることになる。

　しかし、最近よく報告されている子どもの基礎体温が低いという理由はどういうことだろうか。幼児期は成長に伴う熱産生は十分である。それでも基礎体温が低くなるというのは産熱系の問題ではなく、むしろ放熱系の問題でないかと考えられるのである。

　そこで、石川県ウオーキング協会は石川県の4歳児〜6歳児1,042人を対象に、朝の覚醒時における基礎体温を計測した。623の家庭から回答が得られたが、2.2％は36.0℃でいわゆる低体温児であった。そして、20.4％の幼児が36.5℃以下の低めの体温を示した。逆に、基礎体温が37.0℃以上の高すぎる傾向を示した幼児は21.3％観察された。確かに幼児期に自律神経を

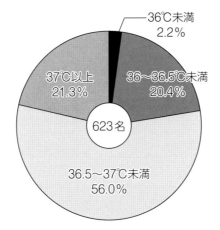

図3-3　石川県における623名の園児の起床時腋下温の温度別割合

介した血管拡張・収縮反応による体温調節機構に問題があるように思われる結果となった（図3-3）。

　人が日常もっとも頻繁に受けるストレスは、環境の温度ストレスによる体温調節反応と、頻繁に姿勢を変えるとき起こる循環調節反応の2つである。両者とも自律神経によって調節されている。幼児において遊びの中で、もっとも多く経験するのは、姿勢変換によるストレスである。姿勢変換に応じて起立性循環調節反射が適切に働かないと、立ちくらみや、めまいが誘発される。

　健康であれば、立ち上がる、長時間立ち続けるなどの姿勢変換で下肢の皮膚血管が収縮し、同時に心臓の拍動数が増え、血液を上半身に押し上げるように働き、一過性の脳血流量の減少をともなわないように反応する（図3-4）。

　一連の姿勢変換に応じて血圧調節がうまく作動しないのが、起立性調節障害である。この障害は幼児期に室内遊びが多く、外遊びが少ない子どもに多い傾向があると考えられる。体位変換を多く含む外遊びによって平衡感覚を司る三半規管も同時に鍛えられ、めまい、立ちくらみなどは起きなくなると考えられている。

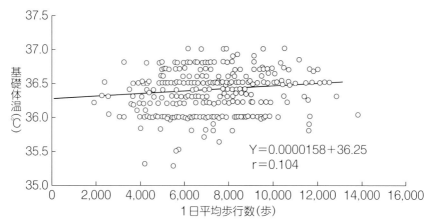

図3-4　1日歩行数と基礎体温の関係(2012年石川県における園児調査より)

　起立性調節障害は10歳〜15歳、いわゆる思春期と呼ばれる時期に自律神経(交感神経と副交感神経)のバランスがもっとも崩れやすくなる。身体の成長スピードに交感神経の発達が追従できないことが原因と考えられている。この時期は、受験、夜更かし、朝寝坊などの不規則な生活をする時期でもあり、この障害をより深刻にするものと思われる。

　将来このようなことが起きないためには、幼児期の間にしっかり外気にふれ、体位変換を多くともなう遊びを経験し、メリハリの効いた自律神経の働きを培っておく必要がある。

　確かに、たくさん歩く子どもは自律神経の働きがよいようである。図3-4に石川県ウオーキング協会が調査した結果を示した。1日の歩行数が少ない幼児ほど基礎体温が低いという傾向が見られた。これは、森と朝山(1994)が小学生5〜6年生を対象とした研究報告でも、起床時体温が低い子どもは1日の歩行数が少ないという結果を出している。また、起床時体温が低い幼児ほど外遊びの時間が短いという(小泉と下永田、2007)研究報告もあり、これらの調査結果は日本ウオーキング協会で実施した調査結果と類似している。

3．空間認知能力を育成する

　幼少期は、脳神経細胞が好ましい生活習慣によって神経細胞がネットワークを作り上げていく、言い換えれば、悪い習慣を取り除く時期と考えられている。神経細胞の数が3歳ごろにピークとなり、その後その数が減っていく。いわゆる神経細胞の間引き現象が行われる時期と考えられている。この時期に見られる間引き現象は、よい習慣の神経回路網を作り上げ、悪い習慣にかかわる神経細胞の連絡網を断ち切っていく時期ということになる。

　したがって、多様な動きを身に着け、心肺機能を鍛え丈夫な骨を作ることに加え、何事も積極的に取り組む姿勢、言い換えれば、意欲や気力といった精神面の充実、タイミングよく動く、力の入れ具合をコントロールするなどの調整能力、周りの状況の判断・予測といった神経機能の発達を促すような運動が求められるのである。

　この時期の運動のあり方として、遊び、楽しくということが大前提であろう。運動に遊びの要素を取り入れて、空間認知能、多様性、洗練性、社会性、情緒、知的、言語、基本的生活習慣などを習得していく時期なのである。

　現代における幼児期の遊びの質の変化や量の減少は、幼児期に習得しておくべきことを阻害してしまうので、よい習慣が身につかないだけでなく、将来の社会から活力さえ奪うことにつながってしまう。幼児期の運動不足は、重大な社会問題と認識すべきだろう。

4．幼児期の運動に対する調査結果

　平成25年度から健康日本21（第二次）がスタートした。ここでは、国民の健康増進について子どもの健康が取り上げられている。しかしその内容は「できるだけ身体活動量を増やす」という表現にとどまっており、具体的な提案がなされていないのが実情である。その理由は幼児の身体活動にかかわる研究報告が少ないことに起因するためであろう。

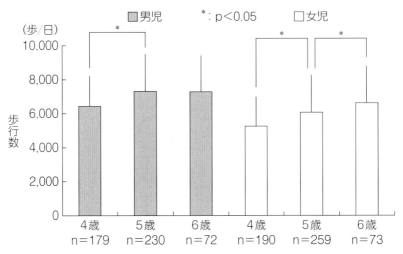

図3-5　園児の1日平均歩行数（歩/日）の年齢別変化（平均値±標準偏差）

　健康日本21（第二次）がスタートする前年度に石川ウオーキング協会および大学健康づくり研究会では、共同して石川県全体にわたり幼児の身体活動量および運動能力検査の大規模調査を実施した。調査内容は、①1日の歩行数から得た身体活動量、②身体的形態（身長・体重）、③親からみた生活習慣と性格、④園の指導者からみた生活習慣、⑤朝の覚醒時体温、⑥運動能力検査であった。その結果に基づき、幼児の運動のあり方を検討（いしかわ大学健康づくり研究会による）し、楽しく行えることをベースとして各種動作を含んだDVD（てくてくワンダフォー）を制作し、現在全県下に普及啓発活動を展開している。その詳細を以下に紹介する。

1）幼児の歩数の地域差

　石川県内に住む幼児の1日の歩行数を調べた。保育所や幼稚園に登園している園児に、各家庭で起床時に3D歩行計（オムロン社製）を装着し、登園時、園活動時、帰宅時から就寝直前までの歩行数を、5日間連続して計測した。

　その5日間の平均値を1日の歩行数として示したのが図3-5である。男児では4歳児、5歳児、6歳児でそれぞれ6,408±1,803歩/日、7,281±2,273

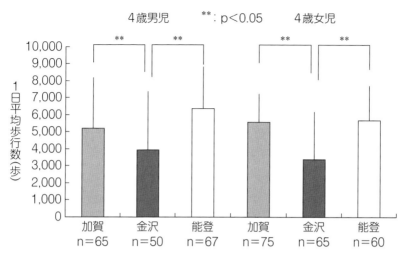

図3-6 4歳児における1日平均歩行数の地域差(平均値±標準偏差)

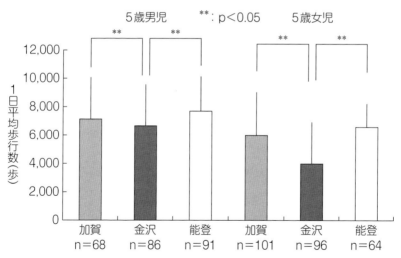

図3-7 5歳児における1日平均歩行数の地域差(平均値±標準偏差)

歩/日、7,247±2,267歩/日、女児では4歳児、5歳児、6歳児でそれぞれ5,293±1,773歩/日、6,041±2,329歩/日、6,621±2,253歩/日であった。健康的な幼児の歩行数は10,000歩以上と考えられているが、本県の幼稚園、保育所

に登園している幼児のいずれの年齢においても、1日の平均歩行数はこれに比べて相当少ないことがわかった。

中野区幼児研究センター（2011）の報告によると、幼稚園・保育所に在籍する4歳児、5歳児クラスを対象とした歩行調査では、男児においては10,671歩、女児においては9,239歩と報告されている。東京の幼児の1日歩行数に比べて本県におけるそれは男児、女児ともおよそ35％も少ないことが判明した。

幼児歩行数は全国的に相当の地域差が存在するようである。同じように石川県内で、地方都市の特徴を有する金沢市と山村・漁村が多い能登地区、その中間を示す加賀地区3地域に分けて、それぞれの地域に住む幼児の歩行数を示したのが図3-6、7となる。子どもの身体活動量に居住環境が強く影響している可能性が考えられる。これは子どもの身体活動量を増加させるような取り組みは、地域ごとに異なることを意味しているようにみえる。

2）幼児の1日歩数は登園時50％、帰宅時50％

登園活動時における歩行数は男児では4歳児、5歳児、6歳児でそれぞれ3,316±1,285歩／日、3,522±1,673歩／日、3,960±1,724歩／日、女児では4歳児、5歳児、6歳児でそれぞれ2,591±914歩／日、2,982±1,281歩／日、3,556±1,533歩／日、であった。

1日の総歩行数のうちおよそ50％は、園活動における歩行数であることが示された（図3-8）。これは、園と家庭の両方で身体活動量を増やすような工夫が求められるといえる。しかし現実的には、共働きの多い家庭においては歩行数を増やすのは困難なように思われる。そこで、石川県ウオーキング協会では、石川県内の幼稚園、保育所において、歩行数が増加するような取り組みを提案・実行してきた。その結果それぞれの取り組み程度によって園における成果に大きな違いがみられるようになった（後述）。

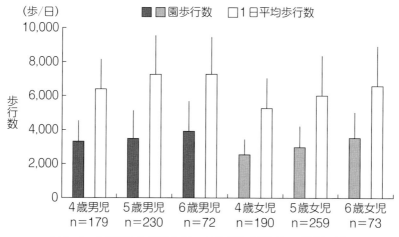

図3-8　1日平均歩行数と園での歩行数(平均値±標準偏差)

3) 幼児期の歩数と運動能力テストと相関

石川県の保育所や幼稚園において、歩行数調査に加えて、運動能力検査も実施した。運動能力検査はMKS幼児運動能力検査法(幼児運動能力研究会作成)をもとに、独自に20m走を加えて実施した。これは39年前の昭和52年から行われた石川県における全保育所・幼稚園児を対象とした、比較可能な類似する大規模調査の測定結果が存在したからである。

測定項目は、25m走、20m走、テニスボール投げ、立ち幅跳び、両足連続跳び越し、体支持持続時間、捕球回数の7種目とした。その結果を示したのが図3-9となる。すべての運動種目の能力検査において4歳から6歳まで、年齢が増すごとに上達していくことがみてとれた。

これらの運動能力検査と1日平均歩行数の関係を図3-10に示した。すなわち、運動能力検査と1日平均歩行数は低い相関ではあったが、有意水準1％レベルで確かな相関関係がみられた。これは幼児の運動能力の発達には、歩行数が一定の割合で関与していることを示している。

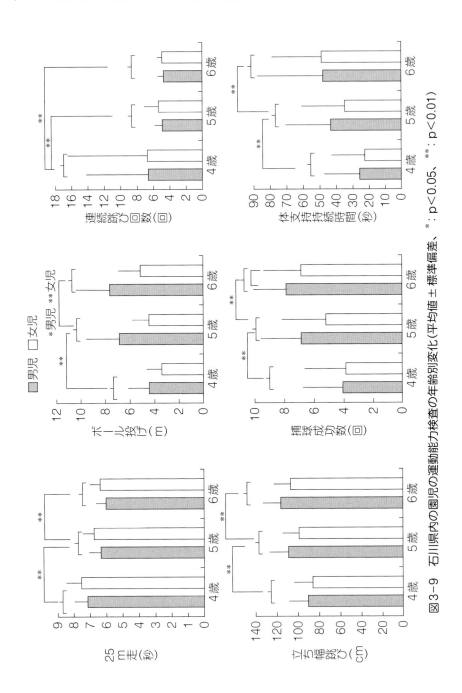

図3-9 石川県内の園児の運動能力検査の年齢別変化(平均値±標準偏差、*：p＜0.05、**：p＜0.01)

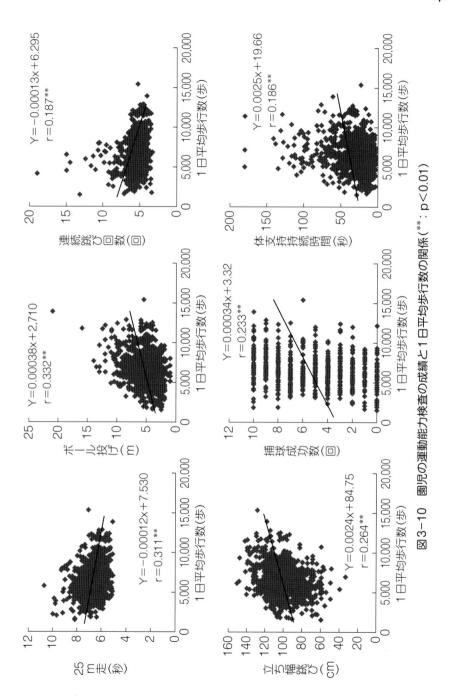

図3-10 園児の運動能力検査の成績と1日平均歩行数の関係（**：p＜0.01）

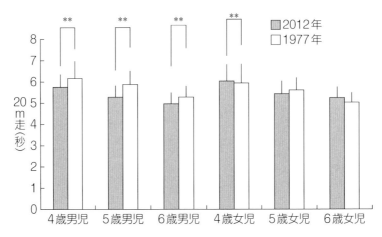

図3-11　20m疾走タイムの年代比較(平均値±標準偏差、**：p<0.01)

4) 運動能力の過去との比較

　この運動能力検査だけでは幼児の運動能力が優れているのか、あるいは劣っているかの判定は難しいところである。幸い、昭和52年(1977年)、金沢経済大学・宮口教授らによって行われた石川県全域における幼稚園、保育所での運動能力の測定結果があった。このときの運動能力検査は、今回石川ウオーキング協会が行った運動能力検査のうち、20m走(走る運動)、立幅跳び(跳ぶ運動)、ボール投げ(投げる運動)がまったく同じ方法で測定されており、石川県における1977年と2012年のデータとの比較が可能になった。比較人数は、1977年が、4歳男児：6,016名、5歳男児：5,781名、6歳男児：2,655名、4歳女児5,697名、5歳女児：4,608名、6歳女児：2,576名であり、2012年が、4歳男児：182名、5歳男児：248名、6歳男児：76名、4歳女児200名、5歳女児：261名、6歳女児：78名であった。

(1) 走能力

　図3-11は1977年と2012年の走る速さ、すなわち疾走スピードについて年齢別に示したものである。1977年における男児は、4歳児、5歳児、6歳児それぞれ、6.2±0.8秒、5.9±0.6秒、5.3±0.5秒であった。それに対して、2012年はそれぞれ5.79±0.63秒、5.30±0.55秒、4.95±0.48秒であった。男

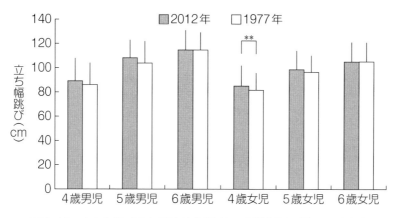

図3-12 立ち幅跳びの年代比較(平均値±標準偏差、**：p<0.01)

児については1977年当時よりも疾走スピードが早くなる傾向を示した。一方、1977年における女児では、4歳、5歳、6歳児それぞれ、6.0±0.9秒、5.7±0.6秒、5.1±0.5秒、2012年はそれぞれ6.07±0.8秒、5.54±0.62秒、5.28±0.47秒であった。1977年に比べて2012年の女児の疾走能力は4歳児のみ有意に速くなったが、有意ではないものの5歳児ではわずかに速くなる傾向を示したが、6歳児ではその逆の傾向がみられた。

宮下ら(1985)は、幼児期のころは走る動作は洗練期間としており、身体活動量は1977年当時に比べ減少していることを考えると、男児の疾走能力は身長が高くなったことにより、歩幅が大きくなった影響であるように推測された。

(2) 立ち幅跳び

1977年と2012年の4歳女児の立ち幅跳びはではそれぞれ83.5±17.1 cm、87.1±18.1 cmであった。2012年の方がその成績がよいことが判明した。しかし、その他の年齢では両者には有意な違いはみられなかった。しかし図3-12でみられるように、平均値でみるといずれの年齢についても1977年当時より2012年が立ち幅跳びの数値が減少しているようなことはなかった。

立ち幅跳びは、脚筋力を中心とする全身の筋パワーをみようとするものであるが、一連の運動には平衡性や柔軟性、協応性など調整力が深くかかわる

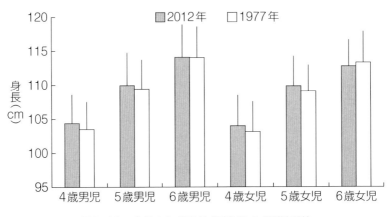

図3-13　身長の年代比較(平均値±標準偏差)

複雑な運動である。身体活動量が低下、あるいは外遊びが少なくなった最近の幼児は1977年の幼児に比べて、この運動パフォーマンスを高めるだけの調整力が優れているとは考えにくいところであった。

そう考えると立ち幅跳びの成績に影響した要因は何か、身長の伸びがもっとも疑われる。幼児期においては立ち幅跳びや、疾走能力は歩幅に影響されるため、この35年間の違いは身長の違いに影響されていると推測された。事実、図3-13に示したように、石川県における1977年と2012年の幼児の身長の平均値は伸びていることが明らかであった。図3-12と13はそれぞれ立ち幅跳びと身長の年代比較を示したもので、その両者はよく似た変化を示すようにみえた。

1977年に比べて2012年における立ち足跳びの成績が伸びたのは、筋肉のパワーや運動の調整力の発達の違いではなく、身長が伸びたことによるものと結論した。

(3) ボール投げ

図3-9に示したように、幼児運動能力テストにおける発達特性が運動の種類によって明確に異なる結果となった。つまり25m走のように調整力の関与が少ない運動と、調整力に大きく依存する運動では発達の様相が異なることとなった。

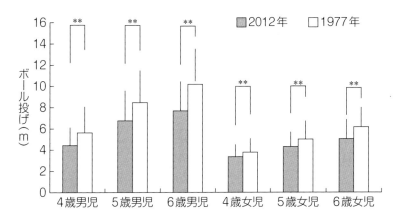

図3-14　テニスボール投げ飛距離の年代比較（平均値±標準偏差、**：p＜0.01）

　連続両足跳びは4歳ごろまでは上手に跳べないようだが、5歳になると急にその運動が上手にできるようになるように、あたかも臨界期が存在するかのようである。ボール投げやボール捕球等のように、一定の個人差を維持しながら、少しずつ上達していくパターンもあるようである。
　つまり、複雑な運動で調整力をいっそう要する運動ほど、年齢とともに少しずつ発達していくようである。ボールを遠くに投げる動作は、投げ上げる角度やボールを手から離すタイミングなど、空間的、時間的調節が求められる要素を含むとともに、感覚、注意、認知、動機づけなどの心理的要素をも含む。まさに高次機能を働かす運動である。神経系の発達が著しい幼児期に空間認知力あるいは高次機能を働かす運動を十分に経験させておくことはその後の動作の発達に強く影響すると考えられた。
　すでに石川県において、1977年にテニスボール投げの距離を記録するテストが行われていた。今回石川ウオーキング協会で実施したのと同じ方法で行われており、1977当時と2012年で幼児のテニスボール投げの飛距離がどう変わったかを調べてみた（図3-14）。2012年のいずれの年齢においてもボール投げの距離は著しく短くなっていることが判明した。その差は4歳男児、5歳男児、6歳男児でそれぞれ1.2m、1.7m、2.6mと短くなっており、女児では4歳、5歳、6歳それぞれ0.4m、0.6m、1.1m短くなっていた。

男児・女児ともに年齢が増すごとにその差は拡大しており、35年前にくらべ、最近の幼児はボールをよく投げることができなくなっていることがわかった（図3-14）。

（4）まとめ

現在の幼児（2012年）は親の世代（1977年）に比べて、身長は高くなっている。その影響で、走や跳躍運動の成績がよくなっており、投運動や捕球運動など複雑な調整力を求められる運動の成績は低下した。

前述したように、複雑な運動ほど、空間認知能やタイミングなどの調節力・高次機能を働かせている。ボール投げ、ボール受けの成績がよくないことは空間認知能がよく発達していない可能性が伺える。

空間認知能は、正しい姿勢や歩き方を身に着けると鍛えられると考えられる。言い換えれば、姿勢が正しくないと身体のバランスが崩れ、視線が傾くことによってその能力が働かなくなってしまう。視線が傾いているとボールを受ける際にはミスも多くなる。

姿勢が悪いと勉強中においても、いちいち目から入ってくる情報に対して自分の姿勢を補正しなければならず、神経に無駄な負担がかかり疲れやすく、集中力を欠いてしまうことになり、将来の運動や勉強に大きく影響することが考えられる。

最近の子どもの姿勢はどうなのだろうかと考えさせられる。一世代前に比べて、子ども達の社会性や協調性、思いやりや学力などの低下が指摘されるようになったのも、幼児期の運動の影響があるように思える。幼児期における空間認知能を正しく鍛えておく必要があるといえる。

最近は、早く走ることに価値を見出す保護者が増えている傾向が見られるとのことで、つまり、運動会が近づくと、"かけっこ"に勝つために短期間練習させる親が増えているというのである。

ボール投げ・受けなどの複雑運動は、上達するのに時間がかかる。かつて公園で自由に上級生や父親とキャッチボールをしていた風景が消えたことが、この能力が低下した要因のひとつであろう。家族と一緒に遊ぶ時間のあり方が、子どもの攻撃性や、共感性に影響するという最近の問題行動と関係

があるように思われるが、将来この方面の詳細な研究により証明されると思われる。

5）歩数・運動能力テストと社会性、性格・意欲、ストレスとの関係

　幼児期には悪い習慣を取り除き、空間認知能・高次機能の発達を促すことがもっとも重要と考えられる。そのためにはどのような運動をすれば望ましいのか、運動様式と社会性や性格、意欲との関係性を調べてみた。

　幼児の家庭に社会性、性格、意欲、健康にかかわるアンケートを行った。質問項目は、社会性に関する指標として、F：「お友達と仲良く遊ぶ」、G：「食事の後片付けをする」、性格や意欲を表す指標として、H：「何事も意欲的になる」、I：「一つのことに集中する」、健康を表す指標として、J：「食事を意欲的に食べる」、K：「腹痛を訴える」という質問を設定した。それぞれの設問回答を4段階（1いつも、2時々、3たまに、4まったくない）の順位尺度とした。

　その結果、社会性や意欲、集中力との関係が深い種目は、立ち幅跳びや、ボール捕球成功回数などであった（表3-1）。ボール投げは意欲やストレスと関係が深いことがわかった。立ち幅跳びは両手をいったん後方に引き、前方に両手を振り出すタイミングに合わせ跳ぶ複雑な調整力を伴う。ボール捕球は空間認知能、つまり飛んでくるボールに対して、位置、方向、間隔、速さなどの情報を素早く把握し、脳がそれを処理して身体を適切に反応させる能力が求められる。

　これらの運動は前頭連合野で異なった感覚入力に対して、記憶情報の照合などの高次処理を施し、それに基づいた運動や行動を選択したり、決定したり、企画構成を行う。

　ボール投げはバックスイングによる体幹の後傾、足の踏み出し、体重移動、体幹の回転、投げて反対腕の動き、フォロースルーなど多様な動きの要素で構成される複雑運動である。実際幼児にボール投げをさせてみると、遠くにボールを投げられる幼児はこれらの動作がスムーズに行われているのであって、肩や腕の筋力があるわけではない。一言でいえば上手なのである。この

表3-1 運動能力テストと社会性・性格・意欲、ストレスの関係

	F	G	H	I	J	K	L
1日平均歩数(歩)	0.10** n=636	0.03 n=634	0.03 n=634	0.04 n=635	0.02 n=637	0.04 n=638	0.05 n=628
25m走(秒)	0.10** n=623	0.06 n=618	0.05 n=621	0.03 n=623	0.07* n=625	0.03 n=625	0.02 n=624
ボール投げ(m)	0.04 n=617	0.02 n=614	0.02 n=619	0.02 n=619	0.07* n=621	0.08* n=621	0.07* n=620
連続跳び(秒)	0.05 n=611	0.04 n=606	0.04 n=609	0.02 n=611	0.03 n=613	0.02 n=613	0.05 n=612
立ち幅跳び(cm)	0.10** n=622	0.05 n=617	0.07* n=620	0.07* n=622	0.08* n=624	0.03 n=624	0.03 n=623
捕球成功回数(回)	0.06* n=622	0.07* n=615	0.08* n=620	0.04 n=622	0.10* n=624	0.08* n=624	0.04 n=623
体支持時間(秒)	0.08** n=620	0.07* n=631	0.01 n=618	0.04 n=620	0.01 n=637	0.01 n=622	0.03 n=621

F：お友達と仲良く遊ぶ、G：食事の後片付けをする、H：何事も意欲的になる、I：一つのことに集中する、J：食事を意欲的に食べる、K：腹痛を訴える
*：p＜0.05、**：p＜0.01で有意を表す

時期にオーバースローでボールを投げる一連の動きを身に付けておくと、将来、キャッチボールやテニスのサーブ、バスケットボールのスローイングなど運動の広がりに繋がるので意義深い。

　テニスボールを遠くになげる幼児ほど、「食事を意欲的に食べる」「腹痛を訴えるのが少ない」「少しのことでイライラするのが少ない」などと相関した。つまりボール投げをよくする子どもはストレスが少なく元気であった。

　ボール投げはボールの受け手がいる。その受け手は今日では友達や、近所のお兄ちゃんではなく家族の誰かであるはずである。いずれにせよ、ボールを投げる距離が短くなったのは、その機会が少なくなったということを意味する。繰り返しになるが、お父さんと公園でキャッチボールをする機会が少なくなったということだろう。幼児期のボールを使った遊びは心まで元気にする可能性があるので気になるところである。

表3-2 生活習慣と運動能力テストの関係

	M	N	O	P	Q	R	S
1日平均歩数(歩)	0.03 n=630	0.02 n=629	0.00 n=624	0.01 n=625	0.01 n=626	0.03 n=628	0.06 n=626
25m走(秒)	0.05 n=625	0.01 n=625	0.05 n=621	0.00 n=621	0.01 n=622	0.03 n=624	0.00 n=622
ボール投げ(m)	0.03 n=621	0.01 n=621	0.06 n=617	0.06 n=617	0.08** n=618	0.07* n=620	0.10** n=618
連続跳び(秒)	0.07* n=613	0.07* n=613	0.10** n=609	0.03 n=609	0.00 n=610	0.04 n=612	0.04 n=610
立ち幅跳び(cm)	0.06 n=624	0.03 n=624	0.09 n=620	0.08* n=620	0.03 n=621	0.03 n=623	0.11** n=621
捕球成功回数(回)	0.01 n=624	0.02 n=624	0.04 n=620	0.07* n=620	0.02 n=621	0.07* n=623	0.03 n=621
体支持時間(秒)	0.03 n=622	0.07* n=622	0.03 n=618	0.01 n=618	0.02 n=626	0.03 n=621	0.05 n=619

M：毎日お風呂に入る、N：朝すっきり目覚める、O：規則正しい生活をする、P：テレビやパソコンでゲームをする、Q：朝決まった時間に起こす、R：夜決まった時間に寝かせる、S：絵本やお話を読み聞かせる
*：$p<0.05$、**：$p<0.01$で有意を表す

歩数や運動とそれぞれの設問回答との順位相関係数は表3-1にまとめたとおりである。複雑な運動ほど社会性・意欲・性格・ストレスと関係が深いようである。

6）幼児の生活習慣の形成

幼児期に睡眠時間をはじめ規則正しい生活をすることは、身体の諸機能が発達し、生涯にわたって健康的で活動的な生活習慣の形成にも役立つ。悪い習慣を取り除く時期は、4歳ごろから7歳ごろまでと考えられている。運動の種類と生活習慣がどのような関係にあるのだろうか。

表3-2に生活習慣と運動能力テストとの順位相関を示した。日常の規則正しい生活をするなどの項目と関係を示したのは、ボール投げや連続跳び、

表3-3 幼児がよく運動するようになる要因

	戸外遊び	運動活発度	園での運動活発度	園での外遊び	運動の喜び	家族一緒遊び	遊び友達数
3歳までの運動	0.257**	0.306**				0.162**	0.152**
家族一緒遊び	0.262**	0.280**			0.088**		0.86
遊び友達数	0.209**	0.226**		0.106**	0.152**	0.086	
園での友達数	0.138**	0.175**	0.205**	0.284**	0.421**		
運動の喜び	0.18**	0.168**	0.192**	0.413**		0.88*	0.421**

＊：p＜0.05、＊＊：p＜0.01で有意を表す

立ち幅跳びであった。これらの運動も高次機能が強く関与する運動で、規則正しい生活は前頭連合野を発達させる可能性がある。

　幼児期のうちに複雑な運動を提供することで、望ましい生活習慣を身に付けさせておくことは、その後の小学校、中学校とりわけ思春期以後の睡眠問題や朝ごはん問題、あるいは気分障害までを解消する可能性まであるように思われた。

7）幼児がよく運動する要因

　家庭や園での運動習慣に影響を及ぼすと考えられる要因との関係性を調べた。園での担任の先生と園に通っている幼児の各家庭に、以下のようなアンケートをとり、設問項目の関係を分析した。

　「家庭で身体を活発に動かす遊びをどれくらいしていますか」「園で自由な遊びのとき、活発に身体を動かす遊びをどれくらいしていますか」「3歳ごろまでに家庭で身体を動かす遊びや運動をたくさんしていましたか」「家庭で子どもと家族が一緒に身体を動かす遊びをしていますか」「子どもがよく一緒に遊ぶ友達は何人くらいいますか」「園での運動指導時間はどれくらい

ですか」「自由な身体を動かす遊びをしているとき、楽しそうですか」「自由な遊びの時、よく一緒に遊んでいる友達は何人くらいいますか」

その結果「3歳ごろまでに身体を動かしていた園児の方が、その後も身体を活発に動かす遊びをよくする」「身体遊びの喜びを知っている園児の方が、身体を活発に動かす遊びをよくする」「遊び友達が多い園児の方が、身体を活発に動かす遊びをよくする」「家族と一緒に遊んでいる園児の方が、身体を活発に動かす遊びをよくする」ことがわかった（表3-3）。

3歳までに外で運動させることが、運動を好きになり活発に運動をする結果が得られた。同時に友達の人数も多く、家族と一緒に遊ぶといった社会性が育まれるようにも推測された。

8）幼児のリズムダンスの指導例
（1）「てくてくワンダフォー」

日本では太平洋側、日本海側での気候が異なる。これまでの幼児の運動にかかわる研究、あるいはそれにかかわる指針・策定は、大都市周辺に居住する幼児に当てはる。

地方とりわけ、夏季高温多湿、冬季低温降雪、最近は低温多雨といった日本海側あるいは北日本・東北・北海道といった環境に居住する幼児の運動指針が必要なようである。

そこで石川県ウオーキング協会では、幼児期の身体活動量を増加させること、運動を好きにさせること、良い習慣を定着させ、悪い習慣を取り除くこと、空間認知能を高めることなどを目的として、歩くモデルイベント「歩育楽校」を展開した。

またこれらの要因を含んだリズムダンス（てくてくワンダフォー）を考案作成し、それを保育所や幼稚園において提案し実践している。その内容は文部科学省（2012）が指摘する「幼児期は、生涯にわたって必要な多くの運動の基となる多様な動きを幅広く獲得する非常に大切な時期である」という趣旨に沿って構成されている。

そのうえで、幼児の運動能力テストの結果から導き出された、悪い生活習

慣を取り除き良い人間関係を築き、ストレスに強い、健康でたくましい心身と豊かな人間性育成を図る、いわゆる"生きる力"を育成する内容とした（高木香代子・金沢学院大学特任講師によって考案）。

てくてくワンダフォーによるリズムダンスの指導担当・高木香代子先生は以下のようなことに留意して指導に当たっている。

指導趣旨は以下のとおりである。

①幼児の指導の基本は模倣にある。知りたいという本能を刺激することが大切である。そのためには、模範となる先生あるいは指導者が幼児に好きになってもらうことがもっとも大きなポイントと考えている。

②模範となる指導者の動きが正確であること。左右対称、姿勢、視線、間合いを正しく保持することで空間認知能が育まれるからである。

③ダンスのポイントを明確に伝えること。幼児に達成感を覚えさせるためである。達成によって刺激される報酬脳は意欲につながると考えられているからである。

指導者の動きが曖昧で、運動の意図を理解していなければ、幼児の身体活動量は少なくなり、動きの習得も遅れることはいうまでもない。幼児の脳は曖昧さをもっとも嫌うようである。幼児の運動にリズムやテンポ、音楽を取り入れることは、楽しさはもちろん、音楽や動きからイメージを広げる、言い換えれば、空間認知能の発達を促す手助けになるとの考えであった。

石川ウオーキング協会ではこのような考えのもとに、現在鋭意リズムダンスの普及を図っているところである。

(2) リズムダンスの構成

リズムダンス「てくてくワンダフォー」は5分8秒間の長さの運動に、歩数換算550歩で構成されている。7パートからなり、それぞれに組み込まれている運動は表3-4に示したとおりである。1分間当たりの歩数はほぼ100歩で、これは平均台遊びでは34歩/分、短縄あそび（室内）66歩/分、短縄あそび（戸外）では63歩/分、長縄跳びでは30歩/分などに比べてかなり多く構成されており、運動会の準備運動や園でのお遊戯などの運動として最適と考えられる。

表3-4 リズムダンスの主な運動内容

パート	時 間	運動内容
A	0'00〜(52秒間)	足踏み、ステップタッチ、膝の屈伸、足を前後に開いた状態での踵の上げ下げ、しゃがむ、背伸び
B	0'52〜(41秒間)	ウォーキング、膝の屈伸、ニーアップ、しゃがむ動作からのジャンプ
C	1'33〜(49秒間)	スキップ、ステップタッチ、膝の屈伸、足踏み、ランジスクワット、ウォーキング
D	2'22〜(56秒間)	膝の屈伸、ギャロップ、足を交互に横に上げる、ニーアップ、ツイスト、しゃがむ、ジャンプ
E	3'18〜(56秒間)	足踏み、ケンパー・ケンパー・ケンケンパー、「お辞儀」のポーズ、「忍者」の模倣
F	4'14〜(54秒間)	片足立ち、ウォーキング、膝の屈伸、ニーアップ、しゃがむ動作からのジャンプ、ヒールタッチ

(3) リズムダンス介入の効果

石川県ウオーキング協会と高木（金沢学院大学特任講師）の指導により、2013年7月から2015年3月までの期間において、年中から年長に成長する約1年間、毎日リズムダンス「てくてくワンダフォー」を園児に取り組ませ、1年後の登園時の歩行数、1日歩行数と前年度卒園した年長児（介入なし）の歩行数を図3-15に示した。

運動介入後の年長児の1日歩行数は、前年度の年長児に比べて（いずれも5日間の平均値）が著しく増加した。園での歩数の平均値は2,351±1,092歩から5,432±2,283歩とほぼ3,000歩の増加がみられた。また1日歩行数の平均値は5,432±2,283歩から8,486±2307歩とおよそ3,000歩の増加がみられた。

歩数にして500歩程度の運動介入にもかかわらず、それ以外での歩数が著しく歩数が増加するのは、このリズムダンス「てくてくワンダフォー」が、何事にも積極的に身体活動を増やしうる要素を含んでいることが推測された。

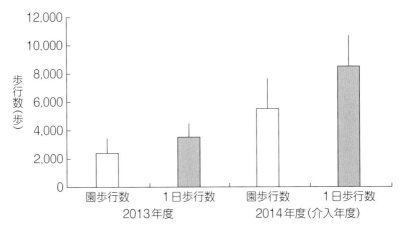

図3-15 2013年度と2014年度（介入年度）の年長組の歩行数の変化

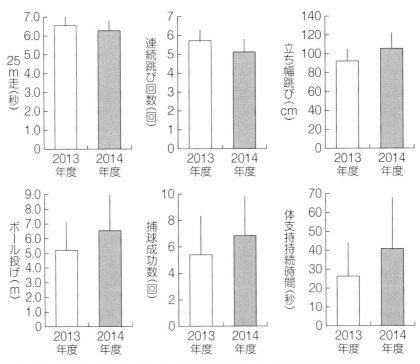

図3-16 2013年度と2014年度（リズム運動介入）の5歳児の運動能力検査の比較

図3-16は、2013年度と2014年度における運動能力検査結果である。25m走、連続跳び、立ち幅跳び、ボール投げ、ボール捕球成功回数、体支持持続時間すべての運動能力検査の成績に向上がみられた。

5．「歩育」に対する保護者の理解の変化

　5年間の歩育事業の推進により、対象とした保育園の関係者の理解が拡がり、歩行を含めた幼児期の身体活動のあり方への取り組みが始まった。例えば、各地区の保育研究会のテーマに、運動・身体活動のあり方が取り上げられるようになった。また個々の園においても、運動・身体活動がもたらす発育への大切さの理解が深まった。

　保育所の保育士アンケートからは「歩育の効果」として、次のような意見が寄せられた。
・体力向上、じょうぶなからだづくり、足腰が強くなる
・気持がリフレッシュできる、心に余裕ができる
・食欲増進、身体のリズムが整う
・会話が増え社会性の向上につながる
・いろいろな発見、地域がわかる
・五感で感じ、自然に親しむ
・交通ルールを学べる
・長距離を歩くことで忍耐力、達成感を得られる
・出会った人と挨拶を交わすなど人との交流の楽しさを知る
・仲間と歩くことで思いやり、競争心が育まれる

　また、ある保育所では歩行運動に取り組むため、どのような運動に取り組めば園児の歩行数が確保できるか歩数計を活用した調査を実施した。そして、保育所における特別な活動によって、次のような結果が得られた。
　①園庭で遊ぶ：園における歩数は3,000歩から4,300歩
　②夏祭り練習：園における歩数2,700歩から4,400歩
　③運動会の練習：園における歩数2,600歩から5,600歩

④園外保育：5,300 歩から 8,300 歩

　通常の園庭遊びだけでは、実態調査とほぼ同様の約 3,000 歩の結果となり、歩数を確保するためには、特別な配慮、工夫が必要なことが明確となった。

　また一方で、近年増加傾向にある園におけるさまざまな行事（運動会、夏祭り、発表会など）は、歩数を減少させる要因ともなっていることが推測されている。保育園においては行事に際して、計画的に歩行、運動の時間を確保する必要性があるといえる。

　こうした石川県の歩育事業の推進により、幼児期の歩行の大切さを啓発することができた。しかし、保育現場や自治体における「歩育」プログラムへの取り組みが本格化したとはいえ、歩行運動への取り組みが進まない現状について保育現場から次のような意見が寄せられている。

・園内行事が多く、また学習に取り組む時間が増え、運動への取り組み時間の確保が難しい
・1 日の保育の日課に計画的に入れることが難しい
・歩く環境が整っていない（施設、周辺環境）
・安全面で保護者の理解を考慮しすぎる傾向がある
・保育士自身があまり外で遊ばなかったことから屋外保育が苦手である
・子ども達が外遊びや身体を動かすことをしたがらない（家庭での外遊びの減少）

　このように、「歩育」の必要性の理解は進みながら、実践につながらない状況がみてとれる。

　他方、自治体も同様に理解していても、政策としての取り組みが少ないのが現状といえる。石川県ウオーキング協会では「歩育」は「食育」とならぶ子ども達への心と身体の総合教育運動ととらえ、「食育基本法」の制定により「食育」運動が定着した事例を参考にして、「歩育基本法制定を求める意見書」を県内自治体から関係省庁へ提出し、法的整備の理解を求めているところである。

　「歩の衰弱」といわれるように、現代人の生活のなかで「歩く」習慣が衰弱していることは間違いのない事実であろう。近年高齢者の健康維持・増進に

「歩く」運動の高まりがみられるのはこうした現実の反映と思われる。
　特にこれからの日本を担う子ども達の「歩行不足」は喫緊に取り組むべき課題といえる。子どもをとりまく家庭のあり方、親子のあり方、そして子どもを取り巻くコミュニティのあり方、伸び伸びと子ども達が屋外で遊べるまちづくりへの課題、保育所・幼稚園における歩行と運動のあり方、教育としての歩行運動への取り組みなど、子ども達の「歩の強化」をはかるための課題は数限りなくあげられるところである。
　「歩行」が幼児期の「心と身体の発育」に大切な役割を果たしている科学的知見からも諸課題の解決に取り組み、外遊び外歩きを中心運動とした「歩育」が社会的認知を獲得し、子どもをじょうぶに育てる総合教育運動として「歩育基本法の制定」など政策的取り組みとして、大きな社会的うねりが始まることを期待するところである。

4 幼児から成人へ

1. 未就学児の運動実践と成長

「アメリカの未就学児に、肥満がみられるようになった。そして、身体組成や健康に関しては、身体活動の"あるなし"が大きく影響している。」とニュージーランドの研究者たちは述べ、研究報告がほとんどないことから3歳児から5歳児になるまでの身体活動量の縦断的観察を実施し報告した（Taylorら、2009）。

対象児は、ニュージーランドのダニーデン市に生まれた子どもで、調査対象となることの同意を得た244名（女児44％）である。ほとんどが白人種（87％）で、残りはマリオ族を含むミクロネシア人種である。

観察は毎年できるだけ誕生日に近い日に実施している。そして、連続した5日間身体動揺を検出できる加速度計を装着してもらい客観的な活動量を、また両親からの子どもの行動観察（決められた質問用紙に書き込む）という主観的な身体活動量をそれぞれ求めている。

加速度計によって測定した身体活動量には、大きな個人差があった。しかし、日による違い、男女の差、また、季節の違いによる差はなかったという。しかし、4歳児と5歳児とには有意な変化はなかったが、3歳児に比べると4歳児、5歳児の身体活動量は大きく減少していた。

親からの行動観察によれば、毎日90分間はテレビ、ビデオ、DVDを見ている。そして、70〜90分間は、読む、音楽を聴く、描くといった非活動的

な行動をしていた。

　この研究結果をまとめると、未就学児の身体活動量レベルは、季節、曜日は影響せず、明らかな性差はない。しかし、1日中の全身体活動量および、中ぐらいと高い運動強度の身体活動量は、3歳児から4歳児、5歳児へと低下傾向がみられる。親、特に父親の身体活動量は、子どもの身体活動量にわずかに影響を与えている。

　この研究では、身体活動量の減少という事実を示しているが、その理由については言及していない。ニュージーランドの子ども達は、満5歳になってから就学し組織的なスポーツ活動に参加するようになるという。そして、この研究での観察対象児については、就学後も観察を続けるという。次の報告が待たれるところである。

2．小学校入学後のウォーキング

1）子どもをじょうぶに育てる環境づくり

　数10年前までは、体育の授業がなくても多くの子どもは、通常の生活の中で体力の発達に十分な運動を実施していた。しかし、交通機関の発達、遊び場の喪失など高度経済成長がもたらした生活環境の変容によって、子どもは運動する機会、場所を失ってしまったのである。そのため、運動施設のある学校での体育の授業において、必要とされる運動を実施させようということになったはずである。ところが、「学力！学力！」と主力教科の授業時間を増やし、肝腎のからだづくりのための運動する時間、体育の授業時間は短縮されているのが現状である（図4-1）。

　子どもに体力がなければ、それからの長い人生をたくましく生きていくことはできない。中高年になって、"ねばり強さ"が低ければ、脳梗塞や心筋梗塞といった心血管系の疾病にかかりやすいし、"力強さ"が低ければ、関節痛とか骨折などに苦しめられるだろう。

　それでは、せっかく身についた学力は実りをもたらさない。十分な体力があってはじめて、身につけた学力が長い人生で活かされるのである。言い換

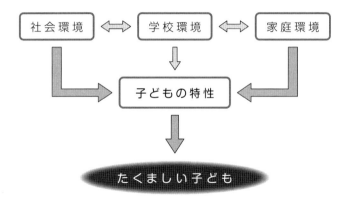

図4-1　たくましい子どもを育てる環境

えれば、子どものころに、ある程度の体力を身につけておかなければ、高度に複雑化する未来社会で自由に生活できないし、グローバル化した国際社会でリーダーとして国際的に活躍できないのである。

　小学5年生、中学2年生を対象とした「全国体力・運動能力・運動習慣等調査」結果が、都道府県別に公表され話題を呼んだ。子どもの体力についての国民の関心を引くのには、大きな効果があるだろう。しかし、それだけでは子どもの体力の向上に結びつける具体的な方策は提起できない。

　子どもの発育発達に関心を抱く研究者によって、縦断的な、そして、大規模な調査・研究がなされ、その成果が蓄積されてはじめて具体的な、効果の上がる子どもの健康・体力づくりの方策が提示できるのである。

　最近、先進諸国の間で、子どもの運動不足、それによる健康阻害が大きな関心を呼び、疫学的な調査・研究が行われるようになっている。子どもの体力低下が指摘されるわが国でも、研究者間でネットワークを形成し、幅広い、縦断的な研究遂行が必要とされているといえる。そして、日本学術会議の呼びかけで、日本の子どもの健康・体力についての大規模な調査が行われると聞く。しかし、これまでには信頼できる調査・報告は見当たらない。したがって、海外で行われた調査・研究結果を参考にしなければならないのである。

表4-1　子どもの歩数の国際比較(Vincentら、2003)

	国名	歩数	肥満児
男子	アメリカ	12,554～13,872	最多
	オーストラリア	13,862～15,023	
	スウェーデン	15,673～18,346	最少
女子	アメリカ	10,661～11,383	最多
	オーストラリア	11,221～12,322	
	スウェーデン	12,041～14,825	最少

(1週4日間調査し、1日の平均歩数算出)

2) 歩数の国際比較

　アメリカ、スウェーデン、オーストラリアの子ども(6～12歳)の歩数が測定、比較された。調査対象は、アメリカの子ども711名、スウェーデンの子ども680名、オーストラリアの子ども513名で、月曜日から木曜日までの4日間の歩数を記録し、1日の平均歩数を比較している。また、肥満指数(BMI)も測定した(Vincentら、2003)。

　その結果、アメリカの子どもがもっとも非活動的で、歩数は男子12,554～13,872歩、女子10,661～11,383歩、しかも肥満指数(BMI)で過体重と判定された子どもの割合がもっとも多く、男子33.5%、女子35.6%であった。それに対して、もっとも活動的なのはスウェーデンの子どもで、歩数は男子15,673～18,346歩、女子12,041～14,825歩であった。そして、過体重の子どもの割合はもっとも少なかったオーストラリアの子どもの歩数は、男子13,864～15,023歩、女子11,221～12,322歩であった(表4-1)。

　上記のような報告を受けて、多民族からなるニュージーランドの子どもの歩数が測定された。対象者は、1,115名の5～12歳の子ども達で、ヨーロッパ系49.2%、ポリネシア系30.0%、アジア系16.5%、その他が4.3%という構成であった(Duncanら、2006)。

　週末の2日を含む5日間、連続して歩数を記録した。1日の平均歩数を全体でみると、男子16,133歩、女子14,124歩と、ニュージーランドの子どもは先に紹介した国々の子どもに比べ、活動的であるといえる(図4-2)。

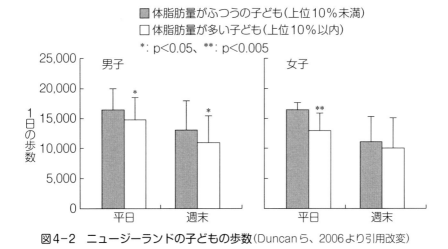

図4-2 ニュージーランドの子どもの歩数(Duncanら、2006より引用改変)

　歩数について、さらに細かく検討すると、次のような傾向がみられたという。学校のある日に比べ、週末での歩数は明らかに少ない。男子と女子を比較すると、学校のある日、週末を問わず、男子の歩数が明らかに多かった。このような結果から、ニュージーランドの子どもの運動不足解消には、週末にいかに運動させるかが鍵を握っていると述べている。

　ニュージーランドの3つの民族間で比べると、学校のある日ではアジア系の子どもの歩数がもっとも少なく、ポリネシア系の子どもの歩数がもっとも多かった。しかし、週末の歩数は、ヨーロッパ系の子どもがもっとも多かった。興味あることは、ヨーロッパ系の子どもの家の多くが社会経済的にみて上位にあるということである。そこで、経済的にみて豊かでない子ども達を援助し、週末に運動させるように働きかけることが重要であると提言している。

　とても残念なことであるが、わが国ではここで紹介したようなきめの細かい大規模な調査が行われてこなかったのである。

3）どんな時間帯に、子どもは歩くのか

アメリカの研究者たちは、次のように述べている（Tudor-Locke ら、2006）。「アメリカの全国規模の調査によれば、1988～1994 年の間は 5％であった肥満児の割合は、1999～2002 年には 3 倍の 16％に増加している。肥満児が成人して肥満者になるとはかぎらないが、肥満児は心理的、社会的ハンディキャップとともに、心血管系疾患のリスクを背負うことになる。」続けて、「肥満は過剰なエネルギーの摂取によるものであるが、同時に運動不足も考慮しなければならない。健康関連のいくつかの団体は、中くらいから高い強度の運動を少なくても毎日 60 分間、子どもには実践させなければならない」と指摘している。最近の調査では、「歩いたり、自転車に乗ったりして通学する子どもは 14％に過ぎない。子どもの 25％は 1 日に 4 時間以上もテレビを見ている」と報告されている。

そこで、まず子ども達がどんな時間帯にどのくらい歩いているのかを調べることにしたという。対象者は、81 名の小学 6 年生（男子 28 名、女子 53 名）で、月曜日から水曜日まで歩数計を装着してもらい、丸 2 日間の歩数を記録した。また、在校中の行動を観察した。この測定は 2 週続けて行い、合計 4 日間の平均値を算出している。

時間帯は、登校前、休み時間、昼食時間、体育の授業時間（この学校では週 2 日しか授業がないので 2 日間の平均）、下校後、その他、に分けている。

結果をまとめると、次のようになった。1 日の歩数は、男子の 16,421 歩に対して、女子は 12,332 歩と明らかに少なかった。しかし、体育の授業時間では性差はみられず、男子 1,429 歩、女子 1,410 歩であった。これは 1 日中の歩数の 8～11％に当たる。在校中の歩数は、昼食時間（15～16％）と休み時間（8～9％）を合計すると、体育の授業時間中よりもはるかに多いことがわかる。そして、下校後の歩数が、全体の 50％近くを占めていた。

この研究者たちは、「子どもの歩数からどの時間帯に身体活動が盛んなのかを調べることによって、運動不足にある子ども達に対して、よりきめ細かい対策を講ずることができるだろう」と述べている。

わが国でも肥満児の割合は増加している。この調査結果と先に紹介した研

究報告を参考にすれば、肥満児の増加を抑える対策として、学校の役割りは運動強度のやや高い体育の授業時間数を増やすこと、そして、下校後には家庭での対応が重要であることがわかる。

4）中国西安市の子どもの運動実践調査

これまで、中国はエリートスポーツ選手育成を重視している、という印象が一般的であった。しかし、最近の中国では富裕層むけの高級フィットネスクラブが広まっている。一方、"一人っ子政策"によって、親が子どもに高学歴を求め、運動不足を招いていることが問題視され始めた。

2004年の中国の国民栄養・健康調査結果によれば、都市に住む子どもの32％が運動らしい運動（1週間に3日、1日に30分間以上）をしていない。運動らしい運動をしているのは、男子の17％、女子の7％にすぎないという。そして、テレビを見たり、テレビゲームをしたりするアメリカの子どもと違って、中国の子どもの運動量が少ない理由として、毎日の宿題に追われていることをあげている。しかし、経済の急速な発展とともにテレビ、テレビゲーム、自家用車の普及は確実であり、中国の子どもの身体活動量は、一層減少するだろうと予測されている。

そこで、西安市の子どもの実態を明らかにしようという調査を行い、結果が発表された（Liら、2006）。対象は、市内にある30校の中から抽出した11～17歳の生徒1,804名であった。各人の記憶から、42種類の運動種目を中心に運動実践の状況が調べられた。それ以外に、学校の体育に関する方針と、子どもを取り巻く社会的、経済的、家庭的環境が調べられた。

結果を要約すると、男子の方が女子より運動する、親の教育水準が高い方が運動しない子どもの割合が多い、肥満の子どもの方が運動しない、親が一緒に運動する子どもの方がよく運動するなど、西安市の子どもの運動する量は、性、年齢、親によって変わる。他方、性、年齢に関係なく近所に運動施設がある子どもの方が運動する。また、休み時間での運動、放課後の運動、運動会の開催などを積極的にすすめている学校に在籍する子どもの方がよく運動する。

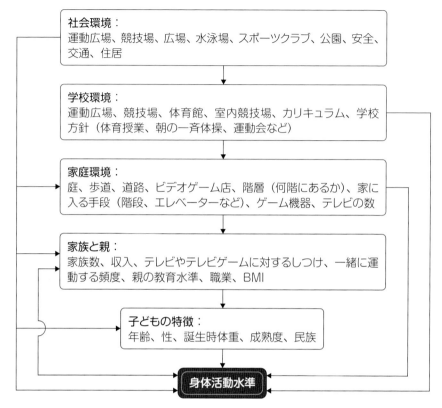

図4-3 子どもの身体活動水準に与える要因(Liら、2006より引用改変)

これまでも指摘されてきたことであるが、子どもが運動するか運動しないかは、環境に深くかかわっているという結論を述べている。だから、それほど目新しい研究とはいえないが、世界最大の人口を抱え、急速に経済発展を進めている中国で行われたということに、興味が引かれるのである(図4-3)。

5) 10歳児の運動能力と6～7年後の体力

成長期によく運動する習慣が"あるか、ないか"が、成人した後の肥満や呼吸循環系機能の体力と深くかかわっていることは、たくさんの人たちに

よって指摘されてきた。

　また、児童期によく運動したかどうかが、動作の上手下手に対して大きく影響を与えることも容易に想像されるだろう。言い換えれば、あるスポーツの技能が上手な子どもは、そのスポーツに積極的に参加するようになり、さらに上手になるだろう。反対に、技能レベルの低い子どもは、そのスポーツをすることを嫌がり、しだいに参加しなくなり技能レベルが上がることは期待できない。

　ところが、児童期における運動の上手下手が、成長するにつれて体力に対してどのような影響を与えるかを究明する縦断的な研究はこれまでなされてこなかった。そこで、オーストラリアの子どもを対象にした調査・研究がなされ報告された（Barnettら、2008）。

　平均年齢10.1歳（7.9～11.9歳）の1,045名を対象に、運動技能テスト（ニュー・サウス・ウェーズル州教育委員会制作）が実施された。運動種目は、①ボールをコントロールする技能：ボールをける、ボールを捕る、オーバーハンドでボールを投げる、②からだを移動させる技能：片足跳び、横走り、垂直跳び、スプリント走、静的バランス能力であった。それぞれの技能の評価は観察者によって行われた。

　それから6、7年後に、同じ子どもを対象に、20mシャトルランによって、呼吸循環系機能の体力（全身持久力）が測定された。このような長期間にわたる調査であったため、移住などがあって、検証できるデータが得られたのは244名（当初の3分の1程度）であった。

　この調査の結果は、10歳ごろにボールの扱いが上手であった子どもの方が、16、17歳での体力は優れている、しかし、10歳ごろのからだを移動させる技能と16、17歳での体力との関係はみとめられない、とまとめられている（写真4-1）。

　一方で体力測定時に、実践しているスポーツ種目が調査されている。それによると、男子ではクリケット、フットボール、バスケットボール、スカッシュ、サッカー、ホッケー、野球、女子ではフットボール、ネットボール、サッカー、ホッケーの順に多かった。このような球技スポーツは、からだをよく

写真4-1　球技に興味を覚えれば、10年後の運動能力は高い

動かすので全身持久性の向上に寄与する。

　そこで、この研究者たちは、10歳ごろボール扱いがうまい子どもは、その後球技スポーツに参加する傾向が強いだろうと推定している。そして、低年齢でボール処理がうまくなるように育てることが、その後の体力の増進、さらに成人後の体力の保持に有効であると提言している。

　しかし、広い面積を有するオーストラリアでは、当てはまることであろうが、狭い日本の子どもの大多数にとっては、広々としたところでのボール遊びは期待できない。だれでもが身近に実践できるウォーキングから始めなければならない。

6) 生態学的な分析の必要性

　身体活動の適正な実践が、子どもの成長・発達を促進させ、成人の生活習慣病を予防し、高齢者の老化を抑制する効果のあることは、まぎれもない事実である。しかし、身体活動レベルは、さまざまな要因によって影響を受ける。

　黒人大統領が誕生しても、依然としてアメリカ合衆国においては、人種間、あるいは、民族間の差別が存在する。すべての国民が健康を保持すべきであるという正義に向けて、テキサス州の研究者たちは、身体活動の生態学的分析の必要性をまとめた（Lee と Cubbin、2009）。

写真4-2　子どものスイミング（アメリカ）

　そこでは、身体活動への変化もたらす外圧として、技術革新と国際化/多様化との2つをあげている。マクロな環境としては差別制度、政治、天候、地域/自治体/隣人、規範を、ミクロな環境としては隣人、職場、学校、教会、店、公園、美容院、他人/隣人の家を、それぞれあげている。また、個人内の要因として、年齢、性、遺伝、健康への態度をあげている。
　このようなさまざまな要因が身体活動レベルへ影響を与えるので、適正な身体活動レベルを保持するための方策を立てる際、それらを考慮せざるを得ないとしている。しかし、その因果関係を明らかにすることは困難であるだろうとも述べている。
　わが国においては、アメリカ合衆国ほどではないにしろ、格差社会が到来しているという話が聞かれる。それらは、経済（所得）格差と、それがもたらす地域格差、そして、教育格差である。例えば、住民が使いやすい運動施設・設備の整備にみられる地域間の格差であり、優れた指導者のいるスポーツクラブへ参加できるかどうかといった個人間の格差である。
　わが国の子どもの体力・運動能力の低下を防ぐには、身体活動量をさらに増やすことが必要であることは明白である。それをどのように実現するかは、それぞれの子どもを取り巻く環境要因を考慮しなければならない。

3．成人してからのウォーキング

1）人工知能（AI）時代に生きる、今の子ども達

　2016年になって、米グーグルが開発した囲碁用の人工知能（Artificial Intelligence：AI）が、囲碁の世界のトッププロを相手に4勝1敗で勝ったというニュースは、瞬く間に広がった。そして、新聞、雑誌などいろいろなところで急速に注目を集めるようになったのである。

　AIは、人間の脳の神経回路をまねた仕組みである"ニューラルネットワーク"を多層的にしたもので、深層学習（Deep Learning）と呼ばれる自ら学習することのできる人工物である。現在でも、人間が考案したコンピュータは、記憶できる量や計算するスピードは、人間の能力をはるかに上回っている。そして、それらを人間は上手に利用している。ところが、コンピュータを考案した人間の脳よりも、優れた知能を有するAIが出現したのである。

　誕生したときは未熟な脳のはたらきが、成長期を通してニューラルネットワークを充実させて、他の動物ではみられない優れた知能を高めていく。その知能を超えるAIが開発されたのである。

　人間の知能が考案した人工物の最初は、筋肉の代替物であり、人間は過酷な労働（肉体作業）をしないですむようになった。それが、運動不足を招き生活習慣病と総称される疾病群に悩まされている。

　次は、記憶するとか計算するといった脳の代替物である。いわゆるコンピュータの普及は、"うつ"など脳に不具合を生じさせる引き金となったと思われる。

　そして、今、自ら学習するAIが出現した。このAIはますます進化することは、多くの研究者たちが認めているところである。そのため、さまざまな分野の研究者が集まって、AIが社会へ与える影響をきちんと説明していかなければならないと、検討をはじめたという。

　歩くに関していえば、障害があって自由に動かすことができない四肢のはたらきを補助するロボットHAL（Hybrid Assistive Limb）は、AIを導入する

写真4-3　移動する道具を発明しエネルギーの消費を少なくする

ことで一層的確に補助できるようになるだろうという。

　本書が目指すのは、子どもをじょうぶに育てるための「歩育」を勧めることである。対象となる子どもが、20年先の成人した時代は、AIが人々の生活の中で中心的なはたらきをしていると予想される。

　しかし、そんな時代に生きる成人とウォーキングはどうなるのであろうか、予測することは困難である。ここでは、現在（21世紀前半）の成人たちが、生活の中にどうのようにウォーキングを取り入れているのかを見直してみたい。そのことによって、20年先のAI時代に成人する今の子ども達が、実践すべきウォーキングのあり方を想定するスタートとなると思うのである。

2）運動不足病の予防と医療費の負担とウォーキング

　先に述べたように、現在普及されている電車、自動車、エレベーター、エスカレーターなどの移動用機械は、人々から足を使って動く、言い換えれば、歩く機会を減少させた（写真4-3）。また、耕運機を代表とする農機具の普及をみるまでもなく、多くの職場で省力化、機械化が進み、仕事をするのに力強い大きな筋肉を使う必要性がなくなっている。

　歩くといった全身の運動は、エネルギー代謝を活発にして、呼吸循環系機

能を活動させる。だから、逆に日常生活において運動不足になると、生活習慣病といわれている代謝系、呼吸循環系にかかわる慢性の病気にかかりやすくなるのである。

　このような運動不足を解消するために、運動しなければならない。運動するということは、歩くなどからだ全体を動かすことを指す。私たちが1日に消費するエネルギーは、安静にしていると 1,400 から 1,600 kcal となる。からだの機能を健全に保持するためにはこれでは不十分である。1日に合計 200 kcal を消費するようにからだ全体を動かすこと、そして1回に連続して 200 kcal を消費するようにからだ全体を動かすのを週3日することが必要であると、高名な北欧の運動生理学者オストランドが述べている。

　健康・体力の保持のためには、からだ全体を動かし1週間に合計 2,000 kcal のエネルギーを消費しなければならないというのである。このためには、手軽にできるウォーキングが推奨され、現在 3,000 万人を超える人たちが歩くこと実践している。

　ところで、1990年代に入ってから、運動実践と脳のはたらきとの関連を研究した報告がたくさんみられるようになった。この背景には、生活している社会構造が高度に複雑化し、さまざまな情報が迅速にもたらされ、人々の間で、脳のはたらきに異常をもたらす例が多くみられるようになったからだと思われている。

　他方で、わが国をはじめとして先進諸国では高齢化が進み、高齢者人口が増加した。高齢者は、記憶・注意などの能力が衰え、情報の処理に時間がかかったり、間違ったりするようになる。そして、認知症やアルツハイマー病にかかる人がでてくる。

　毎日よく歩くといった身体運動の習慣的実践は、血液中の脂質の濃度を正常範囲に保持する、高血圧気味の人では血圧を低下させる、心血管系のフィットネスを向上させる、といった研究結果が前述したようにたくさん報告されてきた。加えて、身体運動の実践が血管性の認知症、アルツハイマー病を予防し、認知能力の低下を抑制することが、最近明らかにされるようになった。

　この生理学的な背景として、次のようなことが考えられる。脳は、遠心性

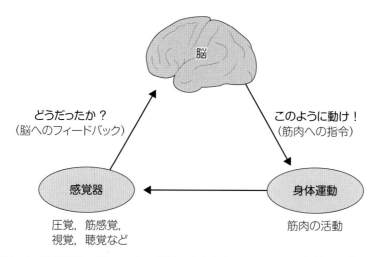

図4-4 身体運動（歩く）は、脳を双方向からはたらかせ脳を健全な状態に保持するのに役立つ

の神経回路を介して、さまざまな筋群を活動させ身体運動を発現させる、と同時に身体運動は種々の感覚器から求心性の神経回路を介して、さまざまな刺激を受ける。このように、身体運動は、同時平行して脳を双方向から活性化させ、脳のはたらきを健全に保持させるのである（図4-4）。

他方で、わが国の急激な少子高齢化は、国民健康保険の赤字、介護保険料の値上げと、医療費・介護費は重い負担を私たちに負わせるようになってしまった。厚生労働省は、緊急な対応策を計画している。しかし、根本的な解決は、高齢化にともなって増加するお年寄りの中で自立した生活が営める健康な人の割合を多くすること、そして、たくさんの子どもと成人が毎日元気に暮らせる健康なからだを有していることである。

ウォーキングを定期的に実践していれば、心臓病、高血圧症、2型糖尿病、脂質異常症、肥満症などの生活習慣病や骨折、転倒などを予防することは、すでに多く調査・研究結果が明らかにしている（図4-5）。

問題は、運動実践を多くの人々にどのように促すか、である。ただ単に、健康によいからウォーキングをしようというのでは、続ける意欲がわかない

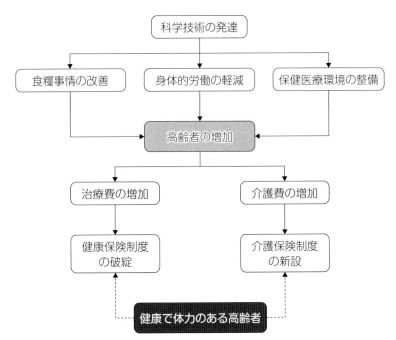

図4-5 高齢者の増加と医療費・介護費の増加

のではないか。歩けるということが、自分の生きがいと結びつかなければならないであろう。そこで、いかなる生きがいを見つけ出すのかは、個人差もあるだろうし決めかねるかもしれない。しかし、人それぞれが行きたいところへ、いつでも行けるというからだの状態を保持しておくことは、AIといった新しい時代であっても、自分なりの生きがいを持って生きていくために不可欠であるといいたい。

附 他に見られた"歩育"の試み

1. 山形県遊佐町：小学6年間「鳥海ツーデーマーチ」へ参加した児童の表彰

　山形県と秋田県との県境にそびえ立つ鳥海山のふもとの遊佐町で、第20回記念となる「奥の細道鳥海ツーデーマーチ」が、2012年9月1、2日に開催された。

　標高2,236mの鳥海山は、雨や冬にたくさん積る雪を山懐に蓄え、遊佐町のあちこちにきれいな"湧水"をもたらしている。

　初日は、ウォーキング大会ではめずらしい、列車で行って歩いて帰ってくるという10kmのコースに参加した。中央会場からJRの遊佐駅まで歩き、6両編成の臨時列車に乗り北へ7km離れた吹浦駅まで行く。駅から出羽一宮の大物忌神社に参拝し、"家内安全"のお札を求め、そこから十六羅漢と呼ばれる岩の海岸へ出て、河口から月光川に沿って土手道を歩いた。途中から、黄色に染まり始めた稲穂のたれる田んぼの中の道に出た。吹き渡る風が運ぶかすかな稲のにおいに、日本人だからだろうか懐かしさを覚えた。

　ところで、2000年に行われた、日本マーチングリーグ（JML）の「ウオークサミット遊佐会議」において、「子どもと歩こう運動」YUZA宣言が発信されている。そのこともあって、町内の保育所、幼稚園、小学校、中学校、高等学校が、グループをつくって、800名近くが参加しているのには驚いた（写真1、2）。その中で、西遊佐小学校のグループが1年から6年まで連続して毎年完歩したと、出発式で特別表彰状が町長から手渡された。

写真1　ウォーキング大会へ園児が全員で参加（山形県遊佐町）

写真2　ウォーキング大会のスタートで檄をとばす子ども達

2．鹿児島県指宿市："歩く"をすすめる校旗の授与

　菜の花が咲き、そら豆がおいそうに実る畑の向こうにそびえ立つ"開聞岳"を眺めながら歩く「いぶすき菜の花マーチ」が、1月21、22日に開催された。第1回から4回にかけては「指宿アロハマーチ」と呼び、5月に開催されて

写真3　小学校にウォーキング・フラッグが手渡された（鹿児島県指宿市）

いたが、長距離を歩くには暑すぎるということで、1月開催にして名称を変えたそうである。

　初日は、「開聞山麓ふれあい公園」をスタートし、長崎鼻の岬を回ってくるルートを歩いた。ちょうどピンクと白のキンギョ草の出荷時期で、お花畑の中で農家の人たちが忙しそうにはたらいていた。途中にあるJR日本最南端の駅「西大山」のプラットフォームには、たくさんのウォーカーたちが、線路、菜の花、開聞岳を一緒にカメラに収めていた。

　2日目は「ふれあいプラザなのはな館」の広場をスタートし、干潮時には歩いて渡れるという"知林ヶ島"へ向かうルートで、今年は第20回の記念大会ということで、5km、10kmスタート前に記念式典が行われた。驚いたのは、その内容であった。指宿市立の12の小学校へ、それぞれの校名がプリントされた"ウォーキングフラッグ"が、代表の生徒に手渡されたのである。子ども達が元気に育つようにウォーキングを実践して欲しいという願いが込められていると、市長、教育長が挨拶していた（**写真3**）。

写真4　友だちと一緒に歩き喜ぶ子ども

3．鳥取県倉吉市：子どもノルディック・ウォーク

　島根県倉吉市で病院とともに幼稚園を経営している松田隆医師は、「Medical Nordic Walking-ノルディック・ウォークの医科学的基礎-」（2016）の中で、次のように述べている。子どもにノルディック・ウォーク（写真4）をすすめるにあたって、次の7つの点を強調しておきたい。
　①将来予期される生活習慣病、メタボリックシンドローム、ロコモティブシンドロームの予防対策（肥満の解消、運動不足の是正）として、小児期からの運動習慣の定着化させる。
　②足腰の負担を軽減しながら、ただ歩くこと以外にゲーム性、インセンティブを持たせ、特に運動嫌いな肥満児に付加価値を持たせるようにする。
　③体育の授業や運動会などの学校行事に組み入れて、みんなですることで抵抗なく取り組めるようにする。
　④護身用にも活用でき、安心安全対策となるので、通学に使うことを認める。
　⑤すべてのウォーキング大会に親子で参加できるノルディック・ウォークを取り入れ、親子の絆を深め、自然とふれあい、五感力・感性を育て、社会共生力を育み、地域社会の再発見をする歩育を推進し、"生きる力（人間の礎）"を育むようにする。

写真5　まつだ小児科医院：朝のノルディック・ウォーク

⑥子どもが日常的にノルディック・ウォークをすることで、杖という感覚ではなく、大人や高齢者が抵抗なく取り組める。
⑦北欧諸国のように、公民館、図書館、役場、観光スポットなどに、自由に使えるノルディック・ポールを保管するポールステーションを作り、だれでも気軽に使える環境を整える。

そして、「子どもノルディック・ウォーク」の取り組みの事例ととして、まつだ小児科医院開院20周年を記念して、園医をしている「倉吉幼稚園」に子ども用ノルディック・ポールを寄贈した結果を次のように説明したいる。寄贈した当初には、バラバラで、まとまりのない幼児のノルディック・ウォークも約5カ月後には、胸を張って姿勢よく、きちんとまとまって歩けるようになり、歩幅も広がり、意欲的な歩き方となった。

加えて、まつだ小児科医院では、毎週木曜日の朝7時から近くの打吹公園までの約30分間の「子どもノルディック・ウォーク」の体験会を続けているという(**写真5**)。このように、全国各地で「子どもノルディック・ウォーク」の取り組みが始まれば、一生を通じた「足元からの健康づくり」運動が実を結ぶと述べている。

参考図書

宮下充正（1980）子どものからだ-科学的な体力づくり-．東京大学出版会．
宮下充正（1985）スポーツスキルの科学-巧みさを究明する-．大修館書店．
宮下充正（2002）トレーニングの科学的基礎-現場に通じるトレーニング科学のテキスト-改訂増補版．ブックハウス・エイチディ．
宮下充正（2002）子どものスポーツと才能教育．大修館書店．
宮下充正（2004）年齢に応じた運動のすすめ-わかりやすい身体運動の科学-．杏林書院．
宮下充正（2007）子どもに「体力」をとりもどそう-まずはからだづくりだ！-．杏林書院．

引用文献

Barnett LM, Van Beurden E, Morgan PJ, et al.（2008）Does childhood motor skill proficiency predict adolescent fitness? Med Sci Sports Exerc, 40: 2137-2144.
Booth FW and Lees SJ（2006）Physically active subjects should be the control group. Med Sci Sports Exerc, 38: 405-406.
Duncan JS, Schofield G, Duncan EK（2006）Pedometer-determined physical activity and body composition in New Zealand children. Med Sci Sports Exerc, 38: 1402-1409.
平下政美（2012）中高年の健康づくりの普及拡大に向けた取り組み．NPO熱帯スポーツ健康科学研究所実践事例集，pp2-7．
小泉佳右，下永田修二（2007）幼児における基礎体温の低値と発汗量，筋血流及び生活習慣との関係．日本体育学会大会予稿集，58：255．
Lee RE and Cubbin C（2009）Striding toward social justice: the ecologic milieu of physical activity. Exerc Sport Sci Rev, 37: 10-17.
Li M, Dibley MJ, Sibbritt D, et al.（2006）Factors associated with adolescents' physical inactivity in Xi'an City, China. Med Sci Sports Exerc, 38: 2075-2085.
森　悟，朝山正巳（1994）低体温児の実態と日常身体活動量について．日本生気象学会雑誌，31：141．
文部科学省（2012）幼児期運動指針．http://www.mext.go.jp/a_menu/sports/undousisin/1319771.htm（参照日：2016年3月1日）
中野区幼児研究センター（2011）中野の子どもの遊びと身体作りに関する報告書．

中田基昭編著（2016）遊びのリアリティ――事例から読み解く子どもの豊かさと奥深さ－．新曜社．

Ridgway CL, Ong KK, Tammelin T, et al.（2009）Birth size, infant weight gain, and motor development influence adult physical performance. Med Sci Sports Exerc, 41: 1212-1221.

Taylor RW, Murdoch L, Carter P, et al.（2009）Longitudinal study of physical activity and inactivity in preschoolers: the FLAME study. Med Sci Sports Exerc, 41: 96-102.

Tudor-Locke C, Lee SM, Morgan CF, et al.（2006）Children's pedometer-determined physical activity during the segmented school day. Med Sci Sports Exerc, 38: 1732-1738.

Vincent SD, Pangrazi RP, Raustorp A, et al.（2003）Activity levels and body mass index of children in the United States, Sweden, and Australia. Med Sci Sports Exerc, 35: 1367-1373.

あとがき

　依然として少子高齢化が進行するわが国では、無限の可能性を秘めた子どもを"じょうぶ"に育てることが最重要事であることはいうまでもない。

　日本ウオーキング協会は「歩育」というミッション（YUZA宣言）を、2000年に発表した。それを受けて、金沢県ウオーキング協会は地元自治体や関連団体と連携して、「保育」を中心においた「ウォーキング・グランド・フェスティバル in 金沢、2016」（2016年10月20～23日）を企画した。その統一テーマは「健康長寿社会をめざして、多様なウォーキングによる健康増進と機能回復」とした。その具体的な目的は下記のとおりである。

　「市民スポーツの代表である多様なウォーキングの実践を通じて、すべての国民が共に支え合い、健やかで心豊かに生活できる、健康長寿社会づくりに寄与し、国民生活の質を高め、自立した生活を促す。」

　ここでいう健康長寿社会を下支えするのが"じょうぶな子ども達"である。石川県では、過去5年間にわたって「歩育促進ネットワーク」活動を続け、本書においてその成果をまとめ報告した。

　ところで、健康長寿社会の"健康とは"と改めて問われると、明確に表現することは難しい。BoothとLees（2006）は、健康とは病気でない程度を表し、運動能力の高い低いと関連するとしている。具体的には、まったく疾患がなく身体運動能力の高い状態を「完全なる健康（Healthiest）」と、疾患や障害によって介助なしでは移動できない寝たきりの状態を「最悪の病状（Sickest）」と称し、それぞれを極端な状態であるとする提案をしている。

　すなわち、多くの人たちは、「完全なる健康」と「最悪の病状」との間の健康状態にあるというのである。例えば、脳梗塞の後遺症で半身麻痺となったがリハビリテーションに励み回復過程にある人とか、水中運動を実践中の肥満気味の運動不足の人とか、高齢になって杖を使ってやっと歩ける人とか、実にさまざまな健康状態にあるのである。

遺伝子に原因がある場合を除けば、子どもは加齢にともなって遺伝子発現が活性化して、脳・神経系、呼吸循環系、筋骨格系、その他が順序よく発達し成長していく。その過程で、病原菌の感染、汚染された環境への曝露、事故との遭遇以外は、健康を阻害する要因はない。しかし、身体を動かす機会が十分でなければ、いろいろな動作がうまくできる、持久力がある、強いパワーが発揮できるといった身体運動能力の十分な発達は期待できない。

　ここに「歩育」の重要性がある。特に、幼児期に運動経験を積み重ねることによって、生涯にわたって運動を実践する習慣が身につく。また、石川県の調査報告で紹介されているが、歩数の多い子どもほど運動能力が高いという事実は、子ども期によく歩くことが、身体運動能力の十全な発達をもたらすといえる。

　幸せな超高齢社会を築くためには、その基盤となる子ども達が、よく歩き"じょうぶに育つ"ことこそが不可欠であるという主張を、本書のむすびとしたい。

　子育て中の親や保育士むけの本書では、子どもがウォーキングの実践を通して、じょうぶに育つようにという"歩育"についてまとめた。しかし、真っ向から違った立ち位置から、"保育"を見直そうという本「遊びのリアリティー」が出版された（中田、2016）。端的にいえば、次のように断っている。

　「子ども達の活動や行為を何らかの基準や尺度やカテゴリーを使って整理したり、何らかのモデルにしたがって子どもの活動や遊びの世界を考察したりすることはしない。また、いわゆる研究者の立場から、子どもの遊びの意義や意味を考察することはしない。」

　「そうではなく、それぞれの事例における子どもたちの活動を、そのまま受け入れ、その活動を支えたり、可能にしていることに、つまり、外見から捉えられる彼らの活動の背後に隠されているであろう、その時々の子どもの想いを含めた、彼らのあり方に迫ることを試みた。」

　具体的には、市販されている保育にかかわるビデオ映像から、取り上げる場面を選び、それを事例としてまず文章化する。この文章を基に子ども達のあり方を検討し、その結果を再び文章化するという手法をとっている。し

がって、通常の保育の指針を示そうとする多くの書籍にたくさん掲載されている写真や図の類は一切使わず、文章だけで構成されている。言い換えれば、言葉が並べられた文章だけで、"保育" の世界を論じようというのである。「こうした想いで子どもの遊びについて探ることを試みるが、哲学の一領域である現象学を理論的背景としている」という。

このため、文章を構成する言葉それぞれの持つ意味を知らなければ、論理を理解することができない。例えば、現象学の先駆者であるフッサールの提示した「自己触発」というキーワード、その他次のような2つの言葉の違いなどである（「遊びとスポーツ（競技）」、「模倣と真似」、「満足感と充足感」）。

気になるところは、「子どもは……いるかもしれない」と憶測的しているのに、まとめとしては「子どもは……いたはずである」と断定した表現をとっている点である。いずれにしても、子どもの行動を注意深く見つめ、子どもの内面を理解しようという態度は、保育にかかわる実践者にとって大切なことであり、本書の末尾に紹介することにした。

なお、本書は、一般社団法人日本市民スポーツ連盟創立25周年を迎えるにあたって、その記念として出版したものであり、川内基裕会長に深謝するとともに、末尾ながら、本書の出版を引き受けていただいた杏林書院太田康平社長に謝意を表する。

　　2016年7月

著者を代表して　宮下充正

2016年8月20日　第1版第1刷発行

子どもをじょうぶに育てる～歩育のすすめ～
定価(本体1,200円+税)　　　　　　　　　　　　　　　検印省略

　　　　　　　　著　者　宮下充正©・谷内迪子©・平下政美©
　　　　　　　　発行者　太田康平
　　　　　　　　発行所　株式会社　杏林書院
　　　　　　　　　　　　〒113-0034　東京都文京区湯島4-2-1
　　　　　　　　　　　　Tel　03-3811-4887(代)
　　　　　　　　　　　　Fax　03-3811-9148
　　　　　　　　　　　　http://www.kyorin-shoin.co.jp

ISBN 978-4-7644-1590-4　C3075　　　　　三報社印刷／川島製本所
Printed in Japan
乱丁・落丁の場合はお取り替えいたします.

・本書の複製権・翻訳権・上映権・譲渡権・公衆送信権（送信可能化権を含む）
は株式会社杏林書院が保有します.
・JCOPY＜(一社)出版者著作権管理機構　委託出版物＞
　本書の無断複製は著作権法上での例外を除き禁じられています．複製される場合
は，そのつど事前に，(一社)出版者著作権管理機構（電話 03-3513-6969, FAX
03-3513-6979，e-mail：info@jcopy.or.jp）の許諾を得てください.